Economia
Política
Global

Proibida a reprodução total ou parcial em qualquer mídia
sem a autorização escrita da editora.
Os infratores estão sujeitos às penas da lei.

A Editora não é responsável pelo conteúdo deste livro.
O Autor conhece os fatos narrados, pelos quais é responsável,
assim como se responsabiliza pelos juízos emitidos.

Consulte nosso catálogo completo e últimos lançamentos em **www.editoracontexto.com.br**.

Economia Política Global

Niels Soendergaard

Coordenador da coleção
Antônio Carlos Lessa

editora**contexto**

Copyright © 2021 do Autor

Todos os direitos desta edição reservados à
Editora Contexto (Editora Pinsky Ltda.)

Montagem de capa e diagramação
Gustavo S. Vilas Boas

Preparação de textos
Lilian Aquino

Revisão
Bia Mendes

Dados Internacionais de Catalogação na Publicação (CIP)

Soendergaard, Niels
  Economia política global / Niels Soendergaard. – São Paulo :
Contexto, 2021.
  144 p.

Bibliografia
ISBN 978-65-5541-090-7

1. Economia 2. Globalização I. Título

21-2082   CDD 330.91

Angélica Ilacqua CRB-8/7057

Índices para catálogo sistemático:
1. Economia 2. Globalização

2021

Editora Contexto
Diretor editorial: *Jaime Pinsky*

Rua Dr. José Elias, 520 – Alto da Lapa
05083-030 – São Paulo – SP
PABX: (11) 3832 5838
contexto@editoracontexto.com.br
www.editoracontexto.com.br

Sumário

INTRODUÇÃO 7
    A economia política global como campo de estudo 7
    A estrutura do livro 14

**AS RAÍZES DO PENSAMENTO
SOBRE A ECONOMIA POLÍTICA** 19
    O território das ideias econômicas 19
    O pensamento econômico liberal 21
    Estadismo no pensamento econômico 29
    O pensamento marxista e a economia política internacional 38
    O legado do pensamento econômico 47

O MOTOR DA ECONOMIA GLOBAL 49
    Os componentes do motor 49
    O sistema monetário internacional 51
    O sistema financeiro internacional 56
    O sistema comercial internacional 61
    A estrutura de produção global 66
    As partes e o motor da futura economia global 71

AS VARIEDADES DO CAPITALISMO..73
    Um capitalismo diverso..73
    A economia de mercado liberal dos Estados Unidos...........76
    A economia coordenada de mercado
        e o "capitalismo do Reno" alemão...........................82
    Capitalismo "ao modo chinês"..87
    Capitalismo dos *Chaebols* na Coreia do Sul...........................92
    Capitalismo variado do século XXI..97

A RIVALIDADE GEOECONÔMICA
ENTRE OS EUA E A CHINA..99
    Uma nova Guerra Fria?..99
    O contexto histórico do declínio e do ressurgimento da China.......102
    A "Chimerica" interdependente...106
    A China global e as tensões acirradas com os Estados Unidos........109
    A corrida tecnológica..115
    Haverá espaço para dois?..119

CONCLUSÃO..121
    Desafios para a ordem econômica global................................121
    O caminho pela frente do estudo da economia política global........132

SUGESTÕES DE LEITURA..137

BIBLIOGRAFIA..141

O AUTOR..143

Introdução

A ECONOMIA POLÍTICA GLOBAL COMO CAMPO DE ESTUDO

O que é a economia política global e quem faz parte dela? Num primeiro momento, essas perguntas poderiam levar a pensar em empresas multinacionais, agências de desenvolvimento, ou organizações internacionais. São todos atores de certo peso econômico, que operam por meio de fronteiras nacionais, e cujas decisões causam impactos em diversas economias no plano mundial. Pensando na economia global como o que aparece no noticiário e em muitas escritas de especialistas econômicos, isso certamente seria uma resposta correta. Porém, também é fato que a economia global, vista como uma multitude de transações de compras, vendas, investimentos e movimentos financeiros, é tão interconectada que é muito difícil, senão completamente impossível, decidir por onde ela começa e termina. Um exercício interessante a esse respeito seria pensar em como coisas aparentemente cotidianas e locais são ligadas ao funcionamento da economia global. O pastel vendido na rodoviária, por exemplo, leva trigo importado da Argentina, processado por um *trader* suíço, transportado por uma companhia de navegação norueguesa, num navio registrado no Panamá, com a tripulação nativa das Filipinas. A fritadeira usada para o pastel leva partes de nove países asiáticos, mas é montada na zona franca de Manaus por uma subsidiária de uma empresa alemã. Finalmente, o salário do cozinheiro que preparou o pastel é gasto parcialmente numa feira de produtos chineses importados por meio do Paraguai, mas também transfere 135 reais cada mês para a sua família em Cochabamba, na Bolívia. A própria transferência é feita por uma empresa dos Estados Unidos, especializada em pequenas remessas. Embora o comprador do pastel, seu João, nunca tenha saído do estado de Goiás, o dinheiro que pagou pelos produtos e serviços embutidos na preparação do seu lanche alimentou uma grande cadeia de transações econômicas que juntas fazem a economia global girar.

Qual o sentido de falar em economia *política* global? No final das contas, as decisões feitas pelos participantes individuais desse "motor" econômico que garante que o seu João possa matar sua fome antes de pegar o ônibus não são determinadas por questões simples de natureza não política? O trigo não vem da Argentina porque o clima de lá simplesmente é melhor para essa lavoura? A companhia de navegação da Noruega não provém do fato histórico de esse povo acumular mais de mil anos explorando os oceanos? E, por fim, o fato de a camiseta barata que o vendedor de pastel, Gonzalo Jimenez, comprou com parte do seu 13º salário provir da China não é simplesmente uma consequência natural de fazer mais sentido para a jovem de 19 anos do interior da China optar por trabalhar numa fábrica em vez de cultivar o minúsculo lote de terra onde nasceu? Se essas decisões todas são tomadas por indivíduos que buscam o melhor retorno do seu trabalho e a melhor qualidade de vida, o que isso tem a ver com política? Muito.

Este livro parte da premissa de que questões políticas são intrinsecamente ligadas ao funcionamento do sistema econômico, desde a venda do pastel na escala local da rodoviária até a fusão das empresas de *commodities* agrícolas no nível global. Portanto, aqui se sustenta que todas as decisões econômicas, queira ou não, têm necessariamente um significativo aspecto político e que é impossível separar questões sobre como investir, produzir, empregar, taxar e distribuir recursos econômicos das suas variadas implicações políticas. Olhando nos livros de ensino de economia, é fácil ficar com a impressão de que todas as decisões podem se resumir ao que é mais racional fazer para cada agente econômico para obter o maior nível possível de bem-estar material. Porém, por mais que a ciência econômica se choque com a complexa realidade social, no nível nacional e global, mais evidentes ficam as limitações das previsões teóricas. Assim sendo, enquanto marcar um "X" onde as curvas de procura e demanda se encontram pode ajudar uma empresa a definir o preço dos seus produtos, essa abordagem será menos útil para ajudar um governo a definir o valor do salário mínimo. Isso se deve ao fato de que, na realidade, as leis da economia conceitual são moldadas por práticas e instituições sociais, além de questões sobre ética, justiça e moral. Na hora de definir as alíquotas tributárias ou investimento na educação pública, tais considerações de natureza não estritamente econômica, porém centrais pelo campo de estudo de economia política, se farão presentes.

Quando olhamos para o plano global, ficam evidentes a complexidade e o tamanho da dimensão política da vasta rede de interações que constituem a economia mundial. Essas questões eminentemente políticas relacionadas ao funcionamento da economia ganham diversas expressões: em conflitos sobre recursos minerais próximos a terras indígenas; na questão sobre como reagir à sonegação tributária por parte de empresas multinacionais; e na questão sobre se o governo deveria conceder benefícios especiais às indústrias de energia renovável. Esses exemplos demonstram o quanto a política, seja no plano doméstico ou global, de fato trata de questões parcialmente ou preponderantemente econômicas. Neste livro, abordamos problemas, dilemas e debates que se encontram na interseção entre economia e política. Por meio de um mapeamento básico do pensamento e funcionamento da economia global, adota-se um foco nos variados modelos econômicos escolhidos por diferentes países e nas fundamentais dinâmicas de distribuição de poder econômico que definem a ordem global. Em vez de detalhamentos exaustivos dos infinitos elementos e processos que compõem a economia global, escolhemos exemplos de casos didáticos e ressaltamos conceitos e tendências centrais que possam contribuir para que o estudante das relações internacionais obtenha uma melhor perspectiva da economia política global. Dessa forma, o objetivo tem sempre sido o de explicar muito em poucas palavras.

Assuntos que dizem respeito à economia política, como a distribuição de dinheiro, o peso de decisões coletivas contra a escolha do indivíduo ou a questão sobre quanto as necessidades presentes podem comprometer as futuras gerações, são inerentemente propensos a despertar forte engajamento e potenciais controvérsias. É bem provável que exista a mesma quantidade de opiniões sobre esses tipos de assuntos como existem observadores deles. Enquanto questões conceituais somente costumam fomentar interesse no meio acadêmico, os problemas e dilemas cotidianos que remetem aos assuntos da economia política podem despertar fortes emoções do balcão do boteco até os fóruns de debate on-line. Reconhecendo que existe diversidade de opinião sobre as temáticas tratadas neste livro, o foco é alocar espaço para variadas perspectivas sobre elas. A recomendação implícita decorrente dessa escolha é que o leitor assim adote uma postura aberta para aceitar o valor do pensamento que não necessariamente converge claramente com as suas inclinações preexistentes. Como o mundo da economia política global é complexo, as visões e respostas concedidas pelos pensadores dessa área foram sempre marcadas pelos problemas contextuais que se fizeram presentes em um dado tempo e lugar. Negar a riqueza implícita em enxergar o mundo a partir de diferentes pontos de observação intelectual é uma prerrogativa que os estudantes e pensadores sobre as relações internacionais não podem se permitir. Portanto, neste livro apresenta-se uma variedade de teóricos e conceitos que marcaram as reflexões sobre a economia política global desde a história mais distante até os dias recentes. Também busca-se deixar uma clara descrição sobre os processos e instituições centrais em definir as economias nacionais e global. De maneira igual, são apresentados os pontos contenciosos na rivalidade geoeconômica atual entre os grandes poderes, e as suas implicações em formar a ordem global emergente. Como julgar a natureza desses assuntos será uma decisão deixada com os leitores.

Introdução

Afirmar que estamos em um ponto de inflexão histórica tem praticamente se tornado rotina entre observadores da política internacional a cada vez que novas circunstâncias se impõem. Não obstante, há uma ampla gama de eventos e processos recentes que, ao longo da última parte da década de 2010, colocaram vários dos fundamentos da ordem política e econômica em questão. O ressurgimento do protecionismo comercial, o enfraquecimento e a paralisação parcial de instituições econômicas internacionais e planos de trazer de volta partes do setor manufatureiro (*reshoring*) apontam para um processo de reversão da globalização econômica – algo impensável somente dez anos atrás. Essas tendências presentes (conjunturais) no momento da elaboração deste livro, em 2020, serão tratadas na última parte dele. Porém, para entender o pleno significado da conjuntura, é importante ficar de olho nas grandes estruturas históricas. Portanto, mesmo que o foco aqui seja mostrar a paisagem da economia política global tal como ela aparece hoje em dia, é necessário ter uma perspectiva histórica para poder enxergá-la dentro de um contexto maior. Importantes processos na época do pós-Segunda Guerra e do pós-Guerra Fria, portanto, foram tratados para ajudar a trazer sentido às mudanças hoje vividas, e sobretudo para iluminar tendências profundas que moldarão a economia política do século XXI.

Considerando as diversas abordagens para entender as relações internacionais contemporâneas, então por que estudar economia política global? Uma velha divisão do campo da política internacional é a noção da "alta política" e a "baixa política". A primeira refere-se às questões de paz e guerra, o que na era atômica estava intimamente relacionado com a hipótese do apocalipse nuclear. A segunda refere-se às questões econômicas e administrativas. Essa divisão ilustrou uma clara crença na economia internacional como assunto de segunda ordem, a ser resolvida pelos burocratas, enquanto os líderes de Estado discutiam questões de poder e ordenamento global. Este livro adota uma perspectiva diferente. Enxerga-se a economia como o fundamento no qual todos os outros aspectos das relações internacionais jazem. A visão aqui apresentada é que questões econômicas de certa forma predeterminam os outros aspectos da vida internacional. Para voltar à relação entre segurança e economia, sustenta-se aqui que, ao longo da história humana, mas de maneira ainda mais acentuada hoje, o poder econômico é uma precondição indispensável para ser um grande poder militar. Isso tem a ver com o papel da tecnologia, que está intimamente interconectada com o desenvolvimento econômico: tirando alguns Estados exportadores de petróleo, não há como se desenvolver economicamente sem aprofundar o papel da tecnologia e da ciência. Para ser rico, é preciso ser tecnologicamente avançado, e, para ser tecnologicamente avançado, é preciso ser rico. Ao longo das últimas décadas, poucos países conseguiram dar esse salto adiante para entrar na categoria de economias desenvolvidas. Exemplos notáveis são Coreia do Sul e Taiwan, cujo desenvolvimento econômico foi baseado, em larga medida, na observada necessidade de capacitar-se internamente para poder se defender contra ameaças externas iminentes. Hoje, ambos possuem capacidades militares de ponta que são muito superiores às que caracterizam os Estados da categoria de países em desenvolvimento – inclusive grandes nações como Brasil, México e Indonésia. Como ainda veremos, a competição geopolítica entre os grandes poderes hoje acontece dentro de um tripé economia-tecnologia-militaria do qual cada perna é indispensável.

Outra abordagem comum para entender as relações internacionais é a de focar na condução da política externa – os atores e instituições centrais nesse sentido – e nos processos de tomada de decisão. Tal ponto é muito importante para entender como os interesses dos Estados são expressos e transformados em políticas e acordos concretos que definem o meio internacional. Aqui, os conhecimentos proporcionados pela perspectiva da economia política ajudam a entender como esses interesses são formados, dado que considerações comerciais e financeiras tendem a ocupar grande parte da agenda externa dos Estados. Uma *magnus opus* na área de relações internacionais de Andrew Moravcsik (1998) mostra como interesses econômicos apresentados pelos constituintes domésticos influentes claramente definiam os interesses e agendas políticas que moldaram o projeto de integração europeia, muito mais do que questões identitárias ou até geopolíticas. Para parafrasear um velho ditado, *money talks* – também nas relações entre os Estados.

Introdução

Por fim, autores dos chamados "vertentes construtivistas" tendem a ressaltar como as interações entre os Estados são moldadas pelas identidades deles, e as variadas percepções e visões sobre o mundo que lhes caracterizam. À primeira vista, essa abordagem se difere bastante do foco materialista de muitos economistas políticos, sobretudo porque os construtivistas frequentemente não enfatizam os elementos concretos da vida internacional, mas sim a maneira que esses elementos são interpretados e percebidos pelos Estados e/ou tomadores de decisão. Não obstante, mesmo reconhecendo a importância das identidades e variadas percepções dos Estados na formação da política internacional, é importante não perder de vista o próprio processo de formação dessas visões. A grande clivagem ideológica que marcou o sistema internacional durante todo o período da Guerra Fria foi baseada justamente em diferenças de filosofia sobre a economia política e o modelo de sociedade que derivasse dela, fosse capitalista ou socialista. De maneira semelhante, o grande significado que divisões do mundo no Norte e no Sul, desenvolvido e em desenvolvimento, ou até nacionalista ou globalista, tem fortes raízes em ideais e percepções moldados pelas circunstâncias da história econômica de cada país. Um mongol se sentir como parte do Sul Global e um australiano provavelmente não se identificar com essa noção não tem a ver com a localização geográfica dos seus países, mas com sua posição relativa na economia global.

Resumindo, mesmo para quem pretende estudar outras subáreas das relações internacionais, o entendimento da economia política global pode fornecer ferramentas valiosas para ampliar a sua perspectiva sobre vários assuntos no mundo atual. Aqui sustenta-se que o conhecimento sobre noções básicas de assuntos como comércio, produção, investimento e conflitos relacionados à distribuição de riquezas de fato constitui uma precondição para trabalhar com vários problemas atuais e históricos da política internacional. Dito de maneira mais simples: fatores econômicos – por exemplo, quando grande parte da população sente fome – sempre mudaram o curso das relações internacionais de maneira profunda. As consequências de tais convulsões podem ser militares, institucionais ou ideacionais; mesmo assim, são justamente uma função do que acontece no plano econômico.

13

Dito isso, o presente livro visa tratar da economia política global de uma maneira que incentive o uso dos seus conceitos e ideias centrais para iluminar perspectivas de outras áreas do campo de estudo das relações internacionais. Dominando variadas abordagens disciplinares, acredita-se que o estudante, observador ou pesquisador terá um bom ponto de partida para entender a fundo os assuntos internacionais contemporâneos.

A ESTRUTURA DO LIVRO

O presente livro pretende fazer um breve e claro balanço dos elementos e assuntos centrais da economia política global, a sua história recente, além de refletir sobre suas tendências contemporâneas. Portanto, autores, casos e questões a serem tratados foram escolhidos pela sua centralidade nesta área e pelo poder de exemplo que contêm. O presente formato, portanto, não concede espaço para uma revisão detalhada dos múltiplos aspectos da economia política global. Ao contrário, o foco aqui é despertar o interesse do leitor pelo assunto de maneira engajante e instigante. Para tanto, divide-se em quatro partes temáticas centrais, seguidas por uma breve conclusão que junta pontos essenciais levantados ao longo do livro e aponta para o futuro.

No capítulo "As raízes do pensamento sobre a economia política" fazemos uma revisão de três correntes de pensamento que têm sido centrais em moldar as ideias e os conceitos fundamentais da economia política global. Depois, são apresentados importantes pensadores e pensadoras a partir de uma estrutura histórica cronológica, situando cada um/uma no seu contexto histórico. Isso nos ajuda a formar uma perspectiva melhor sobre as circunstâncias sociais e políticas que foram centrais ao longo do tempo na definição do pensamento sobre a economia política. Num primeiro momento, esse capítulo trata da corrente de pensamento liberal desde a sua origem no século XVIII até os dias de hoje. É interessante observar como esse modo de pensamento, no contexto europeu, surge em paralelo com o capitalismo como alternativa à sociedade feudal e aristocrática. A leitura dos filósofos econômicos liberais clássicos desafia a imagem hoje dominante sobre o liberalismo como uma corrente de pensamento completamente utilitarista, vinculada estritamente a uma racionalidade econômica – visão infeliz que muitos economistas e intelectuais liberais contemporâneos ajudaram a divulgar. Pensamentos sobre justiça social, as precondições que definem as oportunidades do indivíduo de perseguir os seus sonhos e até a relação entre homem e natureza também podem ser encontrados nos pensadores clássicos do liberalismo econômico. Em seguida, abordamos o "estatismo econômico", que, apesar de ser menos coerente como sistema de pensamento, é uma vertente que contrasta de maneira interessante com o liberalismo e desafia alguns dos seus pressupostos centrais – provocações que remetem a debates extremamente atuais. Por exemplo, se o empreendedorismo individual não consegue resolver certos problemas, por que não canalizar a agência coletiva por meio de engajamento estatal? E, se os princípios de comércio livre parecem beneficiar desproporcionalmente as economias já desenvolvidas, por que então adotá-los na sua integridade? Por fim, trataremos da vertente de pensamento marxista sobre a economia política global. Quando surgiu, durante as primeiras revoluções industriais, o marxismo inovou colocando uma pergunta simples a ser respondida pelos liberais que falavam da importância da criação de riqueza: riqueza para quem? Os diversos ramos do pensamento marxista que surgiram ao longo da história são tratados nesse capítulo, e os seus conceitos centrais avaliados à luz dos desafios econômicos e sociais atuais.

No capítulo "O motor da economia global" entraremos nesse "motor" para mapear e analisar seus componentes centrais. Na sua grande obra, *States and Markets* (1988), Susan Strange divide a economia política global em diferentes estruturas financeiras, produtivas, comerciais, de conhecimento etc. Inspirado nessa classificação, esse capítulo trata dos sistemas monetários, financeiros, comerciais e produtivos que compõem boa parte do que normalmente concebemos como a economia global. Nesse sentido, revisaremos alguns conceitos técnicos de maneira didática, ferramentas importantes para entender as interações econômicas entre os Estados e outros atores no meio global. Focamos na evolução da ordem cconômica global desde o pós-Segunda Guerra e avaliamos desafios que ela enfrenta hoje. De acordo com o princípio de "explicar muito com pouco", esse capítulo visa equipar o leitor para se engajar em estudos e trabalhos aprofundados com questões relativas à economia global.

No capítulo "As variedades do capitalismo", voltamos o olhar para dentro dos Estados. O capitalismo proliferou-se como sistema econômico mundial dominante por excelência desde o fim da Guerra Fria e, por isso, ressaltamos a importância de não tratar esse conceito de maneira uniforme, analisando as variações nos modelos capitalistas adotados em países específicos em volta do mundo. Tomamos o nosso ponto de partida no trabalho de Hall e Soskice (2001) para avaliar como os diversos modos de organizar as relações entre empresas, Estado, trabalhadores e outros importantes atores sociais têm ganhado expressão em diferentes países. Abordamos os modelos de capitalismo de EUA, Alemanha, China e Coreia do Sul, exemplificando aspectos diferentes de como esses países conseguiram crescer na economia mundial, além de apresentar os desafios e problemas relacionados a eles. O nosso objetivo não é julgar o valor e a pertinência de cada modelo, mas sim apresentar os seus aspectos fundamentais, para ajudar os leitores a refletirem sobre a natureza dos desafios nacionais de encontrar um lugar apropriado na economia global.

No capítulo final "A rivalidade geoeconômica entre os EUA e a China", abordamos essa competição, que tem se intensificado gradativamente ao longo dos anos 2010, a ponto de vários observadores contemporâneos ressaltarem que estamos próximos do que pode ser facilmente o começo de uma nova Guerra Fria. Mais especificamente, abordamos os notáveis aspectos econômicos dessa competição entre os dois grandes poderes globais e analisamos o entrelaçamento entre questões comerciais, investimentos monetários e tecnológicos. Dado o peso desses dois países na economia mundial, a rivalidade entre os EUA e a China tem ganhado contornos globais, e, quando esses gigantes se mexem, provocam repercussões profundas que inevitavelmente serão centrais em definir a nova ordem econômica mundial. A relação entre esses dois países, portanto, é tratada neste livro justamente porque as suas raízes históricas e suas trajetórias atuais prometem moldar o curso do mundo ao longo do século XXI.

Por fim, na conclusão, juntamos os pontos centrais abordados ao longo do livro para refletir sobre para onde estamos indo. Enquanto adivinhação é o trabalho de cartomante, o caráter estrutural dos processos tratados permite apontar certas tendências profundas em curso, e assim avaliar de que maneira poderão influenciar a economia global e as relações internacionais. Olhar para trás é um passo indispensável para entender o futuro e o desenvolvimento da economia política global ao longo das últimas décadas. A revisão do que foi analisado nos quatro capítulos nos fornece algumas perspectivas para nos situarmos na história econômica global. Finalizamos essa parte fazendo algumas recomendações para o estudante da economia política global. Como o mundo está num fluxo de transformação constante, o próprio campo de estudo também muda, o que exige sempre adaptação de nossas perspectivas e abordagens. Estando atento aos novos desafios que o entendimento desse campo coloca para estudantes e pesquisadores, e tendo uma noção sobre onde se encontram as fronteiras do conhecimento, este livro ajudará no empreendimento coletivo que é a expansão do entendimento sobre a economia política global.

As raízes do pensamento sobre a economia política

O TERRITÓRIO DAS IDEIAS ECONÔMICAS

Questões sobre como as terras mais férteis deveriam ser distribuídas e como a colheita deveria ser organizada e partilhada provavelmente datam desde quando o ser humano começou a se organizar em sociedades. A própria palavra "economia" vem de grego *oikonomia*, que significa "gestão doméstica". Diz respeito a um assunto que sempre foi objeto de debate, disputas e até conflitos. A questão sobre o acesso e a aplicação dos recursos num dado contexto social definia não somente o bem-estar, mas a própria sobrevivência das pessoas. Por isso, a economia nunca foi um assunto passível de ser tratado com plena objetividade, sem levar em consideração desejos, valores e aspirações dos indivíduos. Os primeiros pensadores econômicos, de cujas obras este capítulo vai tratar, sempre se referiam a esse campo em termos da *economia política,* para ressaltar sua natureza inseparável de questões sobre moral e justiça. Quando os assuntos da economia política são levados ao nível global, isso se torna ainda mais evidente, considerando que questões de comércio, produção, inovação e finanças sempre foram absolutamente centrais em definir o jogo da política internacional. Poder-se-ia dizer que, enquanto os feitos e as conquistas de monarcas e imperadores normalmente se apropriam das "manchetes" da história, as relações e a evolução econômica são o que dá substância e em larga medida definem as grandes idas e vindas do desenvolvimento das sociedades humanas. Dito de outro modo, os assuntos da economia política são menos chamativos do que os grandes eventos e dramas históricos, porém, muito mais impactantes em moldar o território no qual os agentes políticos atuam.

Neste capítulo, vamos abordar três vertentes que abrangem alguns pensadores centrais que tratam da economia política, no meio nacional e global. Encaixar pensamentos em categorias bem definidas é uma tarefa difícil, que necessita escolhas nem sempre justas às nuances das ideias apresentadas. Não obstante, serve para simplificar e delinear algumas tendências centrais no pensamento sobre a economia política que têm moldado o mundo de hoje. Começaremos pelo *liberalismo*, que surgiu sobretudo com as mudanças trazidas pela crescente interconexão comercial do mundo e a Revolução Industrial. Como o Reino Unido foi o primeiro país a sentir as forças dessas mudanças, muitos pensadores fundamentais da filosofia econômica liberal podem ser encontrados nesse país. Em seguida, trataremos do que optamos por chamar de *estatismo*. Essa categorização é bem ampla, e muitas vezes alguns dos proponentes das ideias dessa vertente apresentadas são também chamados de *mercantilistas*. Porém, enquanto o mercantilismo refere-se primeiramente a questões comerciais, o estatismo diz respeito à convicção sobre a intervenção e participação do Estado na economia de uma maneira mais abrangente. Portanto, mesmo que não exista uma escola de pensamento estadista bem definida, organizamos os autores tratados de acordo com a característica antes mencionada. Por fim, trataremos do *marxismo*, que por mais de 150 anos tem tido um papel central em influenciar o pensamento, não somente sobre a economia política, mas sobre a sociedade como um todo. Muitos dos marxistas tiveram protagonismo na história, tanto como teóricos como por meio do seu ativismo político.

O PENSAMENTO ECONÔMICO LIBERAL

As vertentes das ideias econômicas liberais são inerentemente conectadas com a filosofia política liberal. O liberalismo surgiu numa época em que as relações de poder e a hierarquia social estavam baseadas na crença de que o estado natural do mundo era a diferenciação fundamental entre as pessoas a partir do seu nascimento e linhagem familiar. Desafiando essa concepção, o filósofo inglês John Locke (1689) apresentou outra visão sobre o chamado "estado natural", segundo a qual ele seria marcado pela liberdade e igualdade entre as pessoas, que não deveriam ser diferenciadas com base em sua condição de nascimento. Nesse estado, as relações entre os indivíduos seriam governadas pelo direito natural, que proibiria infrações contra a vida, saúde, liberdade e propriedade de outros. Dessa forma, a sociedade é estabelecida entre as pessoas como um meio para assegurar a proteção geral da vida, liberdade e propriedade. Locke explica a natureza da propriedade privada como a consequência do fato de todo mundo ser o seu próprio mestre e, consequentemente, também o dono do seu próprio trabalho.

Quando a força de trabalho do indivíduo é empregada para transformar os bens da natureza em produto, este naturalmente torna-se propriedade daquele homem. É importante ressaltar que, mesmo que Locke tenha salientado a importância da propriedade privada, ele também enfatizou que cada um somente podia adquirir da natureza o que ele precisasse, e devia tomar cuidado em deixar o suficiente para outros. Esse princípio é um traço significativo do pensamento clássico do liberalismo. Locke destaca que a busca por prosperidade não deveria acontecer ao custo de outros indivíduos, e que tampouco deveria ser divorciado de considerações relacionadas a necessidades básicas deles.

Adam Smith (1723-1790) é provavelmente o pensador mais icônico de todos os tempos da filosofia econômica liberal. Na sua obra mestre *A riqueza das nações* (1776), Smith apresenta o conceito da *mão invisível*, fazendo referência à força oculta que faz a sociedade prosperar por meio dos esforços de cada indivíduo de aumentar o seu próprio bem-estar. Portanto, na visão de Smith, as aspirações individuais para conseguir bens e riqueza levariam a um aumento da produtividade da sociedade como um todo, que em última instância aumenta a opulência mais do que se aquele indivíduo empregasse a sua energia para servir a um grupo ou à coletividade. Buscar o próprio bem-estar dentro dos limites da lei e da ética, portanto, levaria a um melhor resultado para todos por meio da concorrência benevolente, gerando preços baixos e ampla oferta de produtos. Uma frase frequentemente citada de Smith ressalta que "não é da benevolência do açougueiro, do cervejeiro e do padeiro que esperamos o nosso jantar, mas da consideração que eles têm pelos próprios interesses" (1776). Mesmo assim, Smith também ressalta a necessidade de ter cautela com as práticas desleais por parte de empresários que buscaram a formação de monopólios para diminuir a concorrência e elevar os preços dos seus produtos. Da mesma maneira, via com muito ceticismo as relações de proximidade entre o mundo dos negócios e as esferas políticas, sobretudo quando essa intimidade resultasse em legislação muito benéfica ou simplesmente em privilégios ostensivos para os homens de negócio. Na perspectiva de Adam Smith, a divisão de trabalho que surgiria quando mercados fossem ampliados era positiva, porque a especialização que ela geraria resultaria em melhores produtos e maior riqueza para todos. Escrito no começo da Revolução Industrial na Grã-Bretanha, o pensamento de Adam Smith reflete claramente a fé na capacidade inerente da economia de produzir riqueza e prosperidade geral, caso a concorrência fosse deixada livre e somente controlada pelas leis e princípios que garantissem a sua lealdade. A filosofia liberal, portanto, anda de mãos dadas com um contexto histórico muito inédito até aquele momento. Por séculos, a Europa tinha vivido poucas mudanças na economia, e era marcada por modos simples de produção. Até o final do século XVIII, eles foram substituídos pela nova força das máquinas a vapor e a organização da indústria que permitia a geração de riqueza nunca antes vista na história da Grã-Bretanha e do mundo. O pensamento do Smith está menos voltado para questões sobre como os meios econômicos devem ser distribuídos, e mais em como o sistema que garante a sua produção pode ser perpetuado. O pressuposto subjacente que se pode perceber no pensamento liberal de Smith é de que a divisão da riqueza acontecerá de maneira natural entre todos os indivíduos laboriosos da sociedade.

Um dos pensadores mais influentes em trazer a filosofia econômica liberal para o mundo do comércio internacional foi David Ricardo (1772-1823). Ricardo adotou uma visão sobre o propósito fundamental do comércio internacional que se diferenciava bastante daquela que anteriormente predominava – que tendia a vê-lo como um meio para cada país acumular ouro e prata. Ao contrário, Ricardo via o comércio internacional como um caminho para aumentar a riqueza dos países por meio da especialização. Nessa perspectiva, o livre comércio permitia que uma nação pudesse se especializar no produto sobre o qual teria maior *vantagem comparativa*. A vantagem comparativa refere-se à eficiência de um país na produção de um dado tipo de bem. Portanto, cada país deveria se especializar em produzir o tipo de produto no qual é mais eficaz, levando em conta a eficiência de outros países. Como exemplo, o país A pode ser mais eficiente do que o país B na produção do produto 1 e do produto 2. Mas se o país A, comparado com o país B, é duas vezes mais eficiente na produção do produto 1 e três vezes mais eficiente na manufatura do produto 2, faria mais sentido o país B se especializar em vender o produto 1 para o país A, porque assim conseguiria comprar mais unidades do produto 2 do que se tivesse empregado os seus recursos para produzir aquele produto por si mesmo. Assim, os dois países prosperariam mais do que se tivessem insistido em produzir todos os produtos. Isso pressupõe, naturalmente, que o comércio seja livre de tarifas e que possa fluir sem interrupções. Senão, os países não poderiam se aproveitar das suas respectivas vantagens comparativas. A consequência da lógica de David Ricardo é que indústrias que em um dado país são ineficientes, quando comparadas com outros setores, deveriam naturalmente fechar para que os trabalhadores e os investimentos pudessem migrar para os setores comparativamente mais eficientes. Nesse sentido, Ricardo condenou fortemente as chamadas "Leis de Cereais" que vigoravam na Grã-Bretanha até 1846 e que proibiam as importações de grãos. Na visão desse filósofo, essa lei servia para aumentar a riqueza dos latifundiários que forneciam o grão mais caro por ter sido cultivado domesticamente. Por outro lado, punia os industrialistas emergentes que teriam de pagar salários mais altos para que os seus trabalhadores pudessem se alimentar. Já que os industrialistas se dariam muito melhor num contexto de comércio livre do que os latifundistas, Ricardo via essa lei como um privilégio que trazia o beneficiamento de poucos ao custo da riqueza do país como um todo. Os pensamentos básicos de Ricardo influenciaram muito a teoria comercial, e na sua essência constitui o fundamento dos argumentos que até hoje costumam ressaltar a importância da abertura comercial e do comércio livre.

A filosofia econômica de John Stuart Mill (1806-1873) fornece reflexões muito interessantes sobre os dilemas que marcaram as sociedades dos países centrais à medida que se industrializaram e ganharam força ao longo do século XIX. Como os seus antecedentes intelectuais, Mill argumenta a favor dos mercados livres e ressalta a importância da concorrência como um meio para prover um maior nível de bem-estar da sociedade. Acreditava, porém, que havia uma certa necessidade da intervenção estatal na economia quando isso se justificasse por razões de necessidades sociais e justiça geral. Mill foi um advogado do igualitarismo na esfera econômica. Isso implicava uma forte convicção na importância da meritocracia e do esforço e responsabilidade individual, o que, por sua vez, pressupunha uma certa igualdade de oportunidades. Para Mill (1848), todos deveriam ter o mesmo ponto de partida para perseguir sucesso econômico. Por isso, favorecia impostos sobre heranças – sendo visto como uma forma de enriquecimento injusta, pois não implicava nenhum esforço do indivíduo –, e argumentava sobretudo a favor do acesso igual à educação. Sem isso não haveria como falar em meritocracia. Mill também defendia a *democracia econômica* como uma situação na qual os trabalhadores seriam responsáveis por gerir a produção e compartilhar seus frutos de maneira igualitária. Isso tem algumas semelhanças com os seus contemporâneos filósofos marxistas, porém Mill rejeitava veementemente a aversão do socialismo à concorrência, que na visão dele constitui um mecanismo central na geração de riqueza.

Os pensamentos liberais do John Stuart Mill convergem em larga medida com ideias que têm sido cada vez mais prevalentes nos debates do liberalismo econômico hoje em dia. Enquanto até 2000 havia uma forte tendência em ressaltar a importância do crescimento econômico a qualquer custo, as crises econômicas de 2008 e 2020, a crescente desigualdade no mundo e os lados negativos da globalização econômica têm levado cada vez mais liberais a apontar a necessidade de suplementar as forças do mercado com um grau de intervenção em prol de questões sociais. Hoje, instituições frequentemente associadas ao liberalismo econômico, como o Banco Mundial, a Organização de Cooperação e Desenvolvimento Econômico (OCDE) e o Fórum Econômico Mundial, aceitam as premissas de que a desigualdade social deve ser combatida e de que a educação universal é um meio absolutamente central nesse sentido. O social-liberalismo de John Stuart Mill, portanto, é uma corrente ideológica cada vez mais presente, e é defendida sobretudo por observadores que ressaltam a combinação de sucesso econômico, competitividade e uma forte proteção social nos Estados de bem-estar social do norte da Europa. Por fim, Mill também parece estar à frente do seu tempo em suas reflexões sobre o valor intrínseco do meio ambiente. Destacava como o crescimento econômico desenfreado inevitavelmente iria prejudicar o meio ambiente e, consequentemente, as precondições para a vida humana saudável. Essas ideias têm ganhado força ao longo das últimas décadas e têm levado inclusive ao surgimento de perspectivas que ressaltam os limites do crescimento econômico e a importância de medir progresso em forma de bem-estar humano em vez do tamanho da economia. Também compartilham traços fundamentais com as perspectivas interdisciplinares sobre o conceito do antropoceno, que parte do pressuposto de que, por moldar fundamentalmente a face da Terra, o ser humano tem se tornado uma força da natureza que deve ser assim analisada.

O economista John Maynard Keynes (1883-1946) está entre as figuras mais proeminentes do chamado *liberalismo moderno*. Keynes trabalhou durante a primeira década do século XX. Ele observou que a convicção nas forças de mercados descontrolados poderia levar ao colapso econômico – como foi o caso na Grande Depressão (1929-1933) –, mas também que a iniciativa estatal poderia atenuar e reverter essa situação – como ocorreu nos EUA com o New Deal (1933-1937) e durante a transição da indústria dos EUA para o país poder se engajar na Segunda Guerra Mundial. Keynes ressalta fortemente a importância de o Estado estimular a economia em períodos de crise e recessão econômica por meio de investimentos em programas sociais e obras públicas. Antes era comum pensar que a taxa de crescimento econômico oscilava naturalmente e que nada poderia ser feito para evitar isso. Keynes discorda desse pensamento e afirma que, se o governo gastasse o suficiente para "aquecer a economia" e fazer o dinheiro girar quando os atores privados fossem mais resilientes em contratar e fazer investimentos, seria possível manter um ritmo constante de crescimento positivo (Keynes, 1936). No plano internacional, Keynes defendia que o problema recorrente de desequilíbrios comerciais fosse endereçado por meio de uma organização internacional, cujo trabalho seria regular as taxas de câmbio internacionais. Dessa forma, seria possível garantir que nenhum país ficasse sem divisas externas.

Os pensamentos de Keynes foram muito importantes para definir a ordem econômica internacional após a Segunda Guerra Mundial. Teve participação destacada na conferência de Bretton Woods, na qual os pilares do sistema monetário, financeiro e comercial internacional foram definidos (Ruggie, 1982). A destruição do continente europeu demandava uma grande necessidade de prover os meios necessários para reconstrução, algo que somente o governo norte-americano poderia fornecer. As ideias de Keynes, portanto, ganharam uma espécie de "extensão internacional" por meio da ajuda do Plano Marshall, que se constituiu em uma massiva ajuda dos EUA para a reconstrução da Europa. Numa perspectiva estratégica, o plano teve o objetivo de evitar que a miséria econômica levasse países europeus a se aproximar do comunismo e da União Soviética. Mas, pela ótica econômica, o Plano Marshall também teve o papel de criar importantes parceiros comerciais para os EUA na Europa Ocidental e assim garantir que vínculos comerciais mais duradouros entre os dois lados do Atlântico do Norte. O pensamento de Keynes teve fortes reflexos nas instituições da ordem mundial pós-Segunda Guerra, mas também teve muito fôlego dentro dos países ocidentais. Em muitos deles, o Estado teve uma participação econômica mais direta, e a transferência de renda e aumento salarial dos trabalhadores garantiram que as indústrias tivessem grandes mercados internos sobre os quais puderam crescer. As décadas de 1950 e 1960 foram de fato um período em que muitos países desenvolvidos puderam vivenciar o maior crescimento econômico ininterrupto da sua história. As ideias de Keynes de deixar o mercado operar enquanto puder, mas não ter medo de fazer o Estado intervir quando for necessário, estiveram fortemente presentes nas políticas econômicas que levaram ao crescimento desses países. Isso pode parecer um pouco com o estatismo econômico – que iremos explorar em seções seguintes –, mas o keynesianismo ainda costuma ser tratado dentro do arcabouço geral de filosofia econômica liberal. Isso se deve, principalmente, à visão de Keynes de não subjugar as forças do mercado, mas corrigir e estimular o seu comportamento quando julgado pertinente.

Aparecendo como forte contraste com o keynesianismo que dominou o pensamento econômico em muitos países no pós-guerra, destaca-se Friedrich Hayek (1899-1992), da chamada Escola Austríaca de pensamento econômico. Hayek criticou intensamente as recomendações de Keynes, sobretudo a prática de manter juros baixos para evitar o desemprego, ressaltando que tal ação teria uma tendência de produzir o resultado contrário. A filosofia econômica de Hayek baseou-se muito na ideia da ineficiência do planejamento central, destacando que seria impossível um pequeno grupo de indivíduos possuir e processar a quantidade suficiente de informação para tomar decisões adequadas à sociedade como um todo. Ao contrário, os mecanismos de mercado seriam muito mais eficientes a esse respeito, pois são fundamentados nos cálculos racionais de uma grande quantidade de atores, que buscam otimizar a sua produção, vendas e investimentos. De acordo com Hayek, nenhum Estado conseguiria desempenhar essas funções, e a tentativa levaria somente a uma perda de recursos e menos bem-estar para a sociedade. Portanto, o Estado deveria limitar-se às funções vitais, como a garantia da lei e da ordem, e deixar os mercados – isto é, os atores privados – tomarem as decisões com relação ao funcionamento da economia. Ao retomar a importância de conceitos como oferta e demanda e a eficiência das escolhas feitas por agentes informados, Hayek pode ser considerado parte da chamada escola *neoclássica* da economia.

O pensamento de Hayek enfrentou condições desfavoráveis durante os anos 1950-70, porém, ao longo dos anos 1980 ganhou mais fôlego. Isso coincidiu com a crise do modelo de crescimento baseado no keynesianismo a partir dos anos 1970, pois muitos países que seguiram essas políticas econômicas passaram por alto desemprego, inflação e baixo crescimento. Nesse contexto, países como Reino Unido, EUA, Austrália e Nova Zelândia foram rápidos ao mudar suas políticas econômicas. Ao longo da década, e sobretudo durante os anos 1990, muitos outros países desenvolvidos e em desenvolvimento adotaram as políticas do "novo liberalismo", mais frequentemente conhecidas como *neoliberalismo*. É interessante observar que, de fato, parece ter existido algumas dinâmicas no desenvolvimento da tecnologia nessas décadas que favoreceram uma maior alocação de decisões nas mãos dos atores econômicos privados, prejudicando tentativas e projetos amplos de planejamento estatal. Esse cenário foi fortalecido com a globalização econômica e com a onda do neoliberalismo que varreu o mundo na década de 1990. O surgimento da chamada Terceira Revolução Industrial, a partir dos anos 1970, acarretou maior acesso a computadores, telecomunicações e biotecnologia, o que parece ter favorecido uma maior liberdade de algumas áreas para empresas atuarem sem regulação, como Hayek tinha recomendado. Agora, resta saber se a chamada Quarta Revolução Industrial – que se dá a partir dos 2010, caracterizada pela disseminação da inteligência artificial e pelo uso intenso de tecnologias como *machine learning* – terá o mesmo impacto ou se reverterá a iniciativa para os grandes detentores de dados, em muitos casos, as gigantes megaempresas de tecnologia ou as grandes potências, como os EUA e a China.

Outra importante figura do pensamento econômico liberal do século XX foi Milton Friedman (1912-2006). Friedman também é associado à vertente de pensamento chamado neoclássico e é frequentemente visto como proponente do neoliberalismo. Criticou, também, o keynesianismo da sua época, afirmando que havia um nível de desemprego "natural" que o Estado não deveria tentar diminuir, pois isso levaria ao aumento dos salários e, consequentemente, da inflação. Friedman também defendia a iniciativa privada acima do Estado, resultando na recomendação de privatizações, desregulamentação econômica e diminuição dos impostos. No plano externo, era a favor de um câmbio flutuante e da abertura comercial e do livre comércio. Milton Friedman foi um dos economistas mais influentes do século XX, tendo tido contato direto com chefes de Estado, como o presidente norte-americano Ronald Reagan e a primeira-ministra britânica Margaret Thatcher. Também foi conselheiro econômico do ditador chileno Augusto Pinochet, a quem ajudou a definir um modelo econômico baseado nas forças do mercado e na privatização. No último caso, Friedman foi muito criticado por ter se associado a um regime altamente repressor e autoritário, como era o Chile entre 1973-1990.

Embora a sua influência e os seus trabalhos acadêmicos sejam inegavelmente destacados, Milton Friedman é frequentemente associado às vertentes mais radicais do pensamento econômico liberal. Muitos dos aspectos e considerações sociais que marcaram o pensamento liberal dos séculos XVIII e XIX estão ausentes em Friedman. Uma frase sua muito conhecida é: *"the business of business is business"* (o assunto das empresas são os negócios) – ressaltando que as empresas não deveriam adotar ações sociais que fossem além do objetivo de gerar lucros. Vale destacar que, enquanto as políticas econômicas definidas pelo neoliberalismo entre 1980-2000 tiveram resultados positivos no rápido controle da inflação e na geração de certo crescimento econômico, os seus resultados de longo prazo são muito mais duvidosos, sobretudo quando questões de natureza socioeconômicas são levadas em consideração. Em muitos países em desenvolvimento, essas políticas provocaram uma rejeição por parte, sobretudo, de grupos desfavorecidos, o que muitas vezes levou a uma derrota nas urnas dos governantes que seguiam políticas neoliberais. No mundo desenvolvido, desde a década de 1980 a desigualdade econômica tem aumentado de maneira significativa (Piketty, 2014), e as taxas de crescimento nunca voltaram nem próximas aos patamares da época do pós-guerra. Esses fatores parecem ter sido significativos em provocar o descontentamento social que tem marcado o Ocidente desde 2016. Junto com a crise financeira de 2008, que em larga medida foi provocada justamente pelo tipo de desregulamentação econômica que Milton Friedman recomendou, esses acontecimentos têm levado cada vez mais a se questionarem políticas neoliberais, que, no começo da década de 2020, já pareciam ter perdido força.

ESTADISMO NO PENSAMENTO ECONÔMICO

O Estado sempre teve participação importante na economia, seja por meio do recolhimento de impostos e investimentos, seja por produção e estabelecimento de regras a partir das quais as interações econômicas aconteciam. Em muitas sociedades pré-capitalistas foi até difícil distinguir entre setor privado e setor público, porque o governante, seja o imperador ou o rei, e a classe aristocrática detinham grande parte das terras e riquezas por direito de nascimento. Em países cristãos, a Igreja também agia em muitos sentidos como um ente econômico, ou até como um Estado dentro do Estado. Com o crescimento de uma classe de comerciantes na época do Renascimento, primeiro no sul da Europa e depois nos países do norte do continente, surgiu uma importante nova força econômica. À medida que o sistema colonial proliferou em volta do mundo, a expansão do comércio internacional e intercontinental fez com que as interações comerciais se tornassem cada vez mais decisivas na consolidação do poder dos Estados. Havia, portanto, uma relação de dependência mútua entre a classe de comerciantes e o Estado. O mercantilismo surgiu nesse contexto ao longo dos séculos XVI e XVII e baseava-se na convicção sobre a necessidade de o Estado aumentar a quantidade de riqueza concentrada no país por meio do comércio internacional. A imposição de tarifas para importações, os subsídios para produtores nacionais e o fechamento de zonas comerciais em espaços coloniais foram ferramentas frequentemente utilizadas para garantir uma balança comercial positiva. Uma das figuras mais icônicas associadas ao mercantilismo foi o ministro francês Jean-Baptiste Colbert (1619-1683). Como parte do *dirigismo* econômico adotado por ele, altas tarifas foram impostas e empresas comerciais foram fundadas com o intuito de aumentar a participação da França no lucrativo comércio com o Oriente. Em apoio a essas companhias, foram outorgados amplos privilégios comerciais. Colbert buscava também a *substituição de importações* por meio do estabelecimento de empresas de manufaturas que até então eram importadas. A operação dessas atividades foi concedida às classes burguesas privilegiadas que mantiveram relações próximas com o Estado. Uma série de regulações era imposta para garantir a qualidade dos produtos franceses, visando, assim, manter o seu potencial nos mercados externos. Proibia-se ainda a emigração de trabalhadores especializados para outros países, enquanto a imigração de mão de obra qualificada para a França foi estimulada. O mercantilismo de Colbert apregoava a necessidade de o poder público intervir não apenas pontualmente no processo de desenvolvimento econômico, mas também participar na condução desse processo. Os atores privados são considerados importantes participantes, mas, ao contrário da visão liberal, não são vistos como autores das iniciativas fundamentais que levarão ao aprimoramento da estrutura produtiva e à evolução da economia.

O estatismo é frequentemente associado com países continentais, e menos com os países anglo-saxões, que historicamente têm sido mais inclinados ao liberalismo. Não obstante, existem muitas experiências desses países com medidas alinhadas a esse molde de pensamento econômico. Um proponente da ideia de um governo forte e economicamente ativo nos EUA foi Alexander Hamilton (1755-1804). No momento da sua independência, os Estados Unidos eram uma aglomeração de colônias majoritariamente agrárias. Hamilton via isso como uma deficiência econômica em relação a muitos países europeus, onde existiam prósperos setores manufatureiros. Para proteger os produtos produzidos nos Estados Unidos contra a concorrência de bens produzidos na Europa, Hamilton argumentava em favor do estabelecimento de setores industriais e da imposição de tarifas externas. A ideia era que as indústrias nacionais ganhassem escala e que, a longo prazo, se tornassem suficientemente fortes para concorrer com as importações. É importante ressaltar que o pensamento baseado na vontade de fomentar as indústrias nascentes tem sido frequentemente adotado, em diferentes momentos históricos, por países que se encontram de alguma forma atrasados no seu desenvolvimento industrial em relação aos líderes mundiais. O grau de sucesso dessa estratégia varia muito, e existem vários exemplos de tentativas de industrialização tardias malsucedidas. Por outro lado, existem também casos de sucesso, e muitos países que aspiram obter um lugar mais favorável na divisão internacional de trabalho frequentemente têm adotado essa estratégia como a única alternativa para melhorar a sua estrutura produtiva.

Outra voz que contestava as premissas da economia liberal foi a do economista alemão Friedrich List (1789-1846). List discordava de Adam Smith sobre a colocação do interesse do indivíduo em primeiro lugar, ressaltando que isso não necessariamente provocaria um maior índice de bem-estar para a sociedade como um todo. Ao contrário, List ressaltou que o interesse da nação não deveria ser reduzido à soma agregada dos interesses dos indivíduos que vivem num país, e que os últimos deveriam se subordinar aos primeiros. Ao observar o Reino Unido, List destacava que, apesar da sua inclinação ideológica ao liberalismo, o país também tinha intervindo de maneira sistemática para favorecer uma indústria própria. Sem essas medidas, o Reino Unido não teria chegado ao lugar de destaque que ocupava na época. Portanto, para List, a Alemanha não deveria se perder nos ensinamentos teóricos de Adam Smith, pelo contrário, deveria seguir o mesmo caminho que seu vizinho britânico tinha percorrido na prática. Como Alexander Hamilton, List acreditava que a fonte da riqueza e o desenvolvimento nacional encontravam-se na força produtiva industrial. Portanto, era preciso aderir a uma estratégia de longo prazo para fomentar o crescimento desse setor. Nesse processo, o Estado teria um papel central na criação de leis e regulações que estimulassem a evolução industrial, seja por meio de protecionismo e a elevação de tarifas de importação, seja através do apoio direto à produção industrial doméstica. Quando o país tivesse atingido um certo nível de desenvolvimento amplo da economia, poderia relaxar as barreiras tarifárias e se engajar mais no comércio internacional. List nunca chegou a viver a unificação da Alemanha, mas os seus pensamentos refletem fortemente os dilemas que esse país enfrentava na última parte do século XIX. Após a sua consolidação e a vitória contra a França em 1871, Alemanha ainda enfrentava um certo atraso industrial e tecnológico na competição com o Reino Unido. A discordância entre setores internos sobre o rumo da política econômica a ser escolhido foi solucionada em 1879 com a aliança entre "Centeio e Aço", na qual fazendeiros e industriais concordaram em apoiar altas tarifas de importação. A indústria alemã avançou de maneira significativa nas décadas após a implantação dessas tarifas, e no começo da Primeira Guerra Mundial tinha chegado à paridade com a indústria britânica na produção de encouraçados, que eram a arma mais importante na época e que serviam para medir a capacidade industrial e tecnológica de um país (Gilli e Gilli, 2019).

A evolução econômica dos países hoje chamados "desenvolvidos" aconteceu em diferentes velocidades e períodos, mas todos têm em comum a chegada a um estágio de alta industrialização no começo do século XX. As estratégias econômicas aplicadas variam bastante: em alguns momentos e situações, medidas de corte liberal predominavam, enquanto outras medidas associadas ao chamado estatismo ganharam prevalência. Como vimos, os países tinham uma tendência a preferir mercados livres depois de chegarem a certo estágio de desenvolvimento competitivo. Para o mundo em desenvolvimento, consistindo em grande parte por países e povos colonizados ao longo de séculos e impedidos de definirem estratégias autônomas de desenvolvimento, desafios ainda mais complexos estavam à espreita. Mesmo que alguns países já tivessem obtido a sua independência formal no começo do século XIX, como era o caso sobretudo da América Latina, as instituições econômicas e a inserção internacional desses países em larga medida ainda se assemelhavam muito à época colonial. Um dos economistas mais engajados na criação de soluções para superar essa situação foi o argentino Raul Prebisch (1901-1986). Trabalhando por muitos anos na Comissão Econômica para a América Latina e o Caribe (Cepal) das Nações Unidas, Prebisch enfatizou como a industrialização fornecia um meio para países em desenvolvimento se beneficiarem dos progressos técnicos e elevar o seu padrão de bem-estar (Prebisch, 1950). Dessa maneira, as disparidades de renda entre o mundo rico e desenvolvido e o mundo em desenvolvimento poderiam ser diminuídas. Prebisch ressaltou que um dos grandes problemas enfrentados pelos países em desenvolvimento era o fato de que as suas economias dependiam da exportação de matérias-primas (produtos agrícolas, minerais, energia etc.), e que esses produtos, ao longo do tempo, tendiam a perder valor em relação aos manufaturados. Portanto, os países fornecedores das matérias-primas – e frequentemente também os países pobres – teriam de exportar cada vez mais para comprar a mesma quantidade de manufaturados. Além disso, o preço mundial dos produtos primários também mostrava uma tendência de oscilação maior que o dos manufaturados, deixando os exportadores de recursos naturais mais vulneráveis economicamente. Para Prebisch, a solução teria de ser um projeto de industrialização e a busca por capacidade produtiva e tecnológica por parte dos países em desenvolvimento. Nesse sentido, ele questionava a tese de David Ricardo sobre a importância das vantagens comparativas e apontava para a necessidade de os países em desenvolvimento criarem suas próprias vantagens comparativas. Um legado importante de Prebisch é a divisão conceitual do mundo em *centro*, caracterizado por industrialização e atividades econômicas de alto valor agregado, e a *periferia*, marcada pela produção e exportação de matérias-primas com pouco valor agregado. O pensamento de Prebisch influenciou muito o chamado *estruturalismo latino-americano*, as teorias de dependência e a teoria do sistema-mundo, que serão discutidas mais à frente, que por sua vez aproximam-se mais da vertente marxista do pensamento sobre a economia política internacional, que trataremos na seção seguinte.

Alguns estudiosos têm focado em como países em desenvolvimento podem avançar a partir de análise das relações entre o Estado e o empresariado. Peter Evans (1995) examina as experiências e o potencial de intervenção estatal no processo de desenvolvimento econômico. Evans ressalta que a questão central não se trata de *quanta* intervenção deveria haver, mas, ao contrário, de *como* essa intervenção deve ser feita. O Estado possui uma série de ferramentas nesse sentido, como proteção a indústrias nascentes, isenção tributária e apoio de coordenação, pesquisa e treinamento de pessoal. Evans enfatiza a importância das instituições econômicas nesse processo de criação das vantagens comparativas, que depende de um engajamento do setor público para fomentar o desenvolvimento dos setores privados, e, ao mesmo tempo, evitando conceder privilégios exorbitantes para as empresas. Para esse fim, Evans apresenta o conceito de *autonomia inserida*. Refere-se primeiro à importância de o Estado possuir uma burocracia autônoma, que consiga resistir às demandas imediatistas do setor privado para concessões econômicas que não teriam o efeito de fomentar a sua competitividade de longo prazo. Por outro lado, não basta o Estado ser autônomo se não for inserido no contexto empresarial, demonstrando, assim, uma sensibilidade às necessidades reais desse setor e as condições que definem se ele conseguirá concorrer no mercado mundial. Portanto, segundo Evans, as condições ideais para o intervencionismo funcionar estão presentes quando o Estado é *autônomo* e *inserido* ao mesmo tempo. O autor compara as experiências de Coreia do Sul, Brasil e Índia no desenvolvimento do setor de tecnologia de informação. Na Índia e no Brasil houve ambiciosos programas para fomentar esse setor, mas a combinação específica de políticas de apoio não teve sucesso, enquanto na Coreia do Sul uma combinação de estímulos, incentivos e demandas apresentados ao setor por meio de um Estado desenvolvimentista autônomo e inserido foi bem-sucedida. Enquanto o Estado desenvolvimentista em muitos países latino-americanos conseguiu produzir fortes resultados econômicos no processo de industrialização básica, ele demonstrou problemas em fomentar o desenvolvimento industrial no contexto de globalização e economias caracterizadas pela alta presença de tecnologia de informação. As conclusões de Evans são interessantes porque vão além da discussão sobre se o Estado deveria participar no processo econômico ou não, e apresentam relevantes propostas sobre as condições específicas que levam ao desenvolvimento de setores internacionalmente competitivos. A esse respeito, Evans demonstra uma sensibilidade às dificuldades que a integração dos mercados globais tem apresentado pelo uso de instrumentos tradicionais, como a proteção tarifária e a aplicação de subsídios, mas ele aponta ainda para formas mais indiretas de fomento às atividades de agregação de valor e desenvolvimento tecnológico.

Uma voz importante na defesa do papel do Estado no processo de desenvolvimento econômico e inovação é Mariana Mazzucato (2011). Mazzucato ressalta como muitas tecnologias que conhecemos hoje, de fato, foram desenvolvidas em projetos financiados pelo Estado, que assumiu grandes custos e riscos investindo em pesquisa de base e radicalmente nova. Somente no momento do seu potencial comercial ficar visível, o setor privado costuma entrar, recolhendo os frutos dos esforços da pesquisa pública. Um exemplo central usado pela autora é o iPhone, que na verdade nada mais é do que uma combinação de tecnologias desenvolvidas pelo Estado norte-americano, como microprocessadores, GPS, internet, *touchscreen*, tecnologias de informação e o assistente virtual de voz. Essas tecnologias foram desenvolvidas como parte de pesquisa militar. Outro exemplo é a indústria farmacêutica, que tende a comprar patentes de medicamentos para certas doenças desenvolvidos em laboratórios públicos e, posteriormente, vender a um preço exorbitante – muitas vezes pagos pelos sistemas nacionais de saúde. Mazzucato não necessariamente critica o fato de os mercados comercializarem tecnologias desenvolvidas pelos Estados. Porém, ressalta que o papel do setor público de investir em pesquisas e desenvolvimento deveria ser mais reconhecido e valorizado. Em larga medida, investidores privados são conservadores e preferem colocar o seu dinheiro em atividades com um retorno assegurado. Raramente se investe em pesquisa radicalmente inovadora, que sempre será associada à incerteza sobre a importância e aplicabilidade dos resultados gerados. Portanto, de acordo com Mazzucato, o Estado costuma ir aonde os mercados não vão pela própria iniciativa e arcam com esses custos. A sua importância nesse sentido deveria ser reconhecida, inclusive por meio da alocação de dinheiro para a pesquisa pública.

A tecnologia sempre foi importante no desenvolvimento econômico, o que também é o caso hoje em dia. O fato de muitos países em desenvolvimento não terem bons sistemas universitários e institutos de pesquisa públicos também prejudica bastante a sua capacidade de atrair e fomentar empresas competitivas mundialmente. Por sua vez, isso pode gerar uma armadilha na qual países pobres ficam presos à produção de itens básicos e atividades baseadas em mão de obra barata ou extração de recursos naturais. Experiências positivas de desenvolvimento tecnológicos em alguns grandes países em desenvolvimento – como o Brasil – existem, mas são raras; e, comparados aos volumes de recursos investidos em muitos países desenvolvidos, ainda são insuficientes em muitos sentidos.

Os desafios enfrentados pelos países em desenvolvimento na evolução da economia e sociedade também são ressaltados pelo estudioso Ha-Joon Chang, nativo da Coreia do Sul. Desde o processo de colonização, os países desenvolvidos foram muito ativos em tutelar e tentar guiar o processo de desenvolvimento econômico dos países em desenvolvimento. Esses esforços abrangem recomendações e condicionalidades políticas, que foram particularmente fortes no pós-Guerra Fria, época marcada por uma forte inclinação no sentido de liberalização econômica e integração no mercado global. Chang (2002) ressalta que muitas das ferramentas de desenvolvimento econômico que países desenvolvidos encorajaram os em desenvolvimento a não adotarem – como tarifas, favorecimento de indústrias nascentes e violações sistemáticas do direito de propriedade – de fato foram parte central no processo de desenvolvimento dos primeiros. Além disso, Chang questiona se muitas das instituições políticas, macroeconômicas, jurídicas e empresariais recomendadas hoje pelos países ricos aos países pobres constituem de fato o caminho certo para a evolução das nações em desenvolvimento. Chang recomenda, portanto, que os países em desenvolvimento definam instituições próprias ou que adotem somente aquelas que acreditam ser benéficas para ajudá-los a enfrentar seus desafios concretos. Argumenta, ainda, que os países em desenvolvimento têm sido privados do direito de seguir o mesmo caminho de desenvolvimento dos países ricos, que "chutam a escada", dificultando a ascensão dos primeiros.

Por fim, os desafios que a crescente integração de mercados globais apresenta tanto para países em desenvolvimento como para países desenvolvidos têm sido tratados por Dani Rodrik (2011). Rodrik destaca que, com o fim da era da economia internacional dominada pelas instituições de Bretton Woods, surgiu uma onda de *hiperglobalização*. Esse fenômeno refere-se a uma situação de integração internacional que acarreta não somente a abertura das economias nacionais, mas também um processo mais amplo de reestruturação e adaptação da sociedade ao engajamento competitivo no mercado global. Rodrik trata do impacto que a abertura comercial provocou nas sociedades nacionais, ressaltando que, a partir de um certo ponto, os deslocamentos internos, com postos de trabalho realocados entre setores, chegaram a tal ponto que não podem ser justificados pelos ganhos econômicos dessa abertura. Aponta também que, ao contrário do que alguns proponentes liberais ressaltam, a abertura da economia em larga medida requer um Estado forte e uma rede de segurança social ampla para poder mitigar as consequências negativas sofridas por alguns grupos. Nesse sentido, o autor diz ainda que os mercados funcionam melhor em países que têm um Estado forte. A perspectiva de Rodrik não rejeita os potenciais benefícios da globalização econômica, ao contrário, enfatiza como o engajamento nesse processo deve ser mediado de maneira cautelosa, com objetivo de recolher os seus benefícios, enquanto as consequências negativas são mitigadas. Países no norte da Europa tiveram amplo sucesso nesse sentido. O fato de os países escandinavos manterem grandes setores públicos ao mesmo tempo em que apresentam uns dos melhores ambientes para fazer negócios e inovação serve para dar alguma sustentação às conclusões de Rodrik.

O PENSAMENTO MARXISTA E A ECONOMIA POLÍTICA INTERNACIONAL

Durante um longo período, entre a Idade Média e o século XVIII, quem fosse voltar no tempo e visitar um vilarejo europeu qualquer provavelmente não veria muita diferença. Enquanto guerras transformaram o mapa político e reis e imperadores concorreram pelo poder, a vida de nove entre dez europeus que moravam no campo não mudou muito. Sua rotina, sua maneira de semear e colher e o rendimento do seu trabalho realmente não se transformaram significativamente, nem mesmo quando os poderes europeus começaram a explorar o mundo e mudar drasticamente o destino de outros povos por meio da colonização das suas terras. No sentido econômico, as sociedades ainda seguiam em uma situação de estagnação; eram predominantemente agrárias, produzindo a partir dos mesmos métodos e sistemas de divisão da terra; e a população também não crescia muito. Nos séculos XVIII e XIX, porém, essa imagem do vilarejo dormente há séculos começou a se transformar. Os chamados movimentos de *enclosure* provocaram uma silenciosa revolução econômica, à medida que a divisão das pastagens comuns e a instalação de novos sistemas de propriedade individual faziam a produção agrícola aumentar drasticamente, e junto com ela, a população. No mesmo período em que isso aconteceu, a invenção da máquina a vapor possibilitou que o trabalho – antes feito somente com a força bruta de seres humanos e animais domesticados – pudesse ser desempenhado pela queima do carvão. Isso liberou imensas quantidades de energia para o ser humano, que passou a dominar forças nunca imaginadas, que poderiam ser empregadas no projeto de industrialização. A crescente produção de comida levou a excedentes que poderiam alimentar a população que migrava para a cidade para buscar trabalho nas novas fábricas e indústrias. Ao longo dos séculos XVIII e XIX, acontecia uma profunda transformação nos países europeus, da chamada sociedade agrária para a sociedade industrial. Portanto, em muitos países, a partir do ponto de vista econômico, a sociedade de 1750 era muito mais parecida com a sociedade de 1050, do que com a que tinha se materializado em 1850.

Essa profunda reorganização da economia também resultou em novos grupos sociais. Antes, quase toda a população morava no campo, que era dividido em uma grande massa de pequenos agricultores pobres e uma aristocracia rica, que era dona das terras e recolhia sua parte da produção; o chamado *sistema feudal*. Em muitos países, os agricultores viviam em uma situação que hoje seria considerada muito próxima à escravidão, sem liberdades de migrar ou para se opor aos aristocratas. Na sociedade industrial, os trabalhadores tinham liberdade formal, mas dependiam do salário, que era pago pelos donos das indústrias; os chamados *capitalistas*. Mesmo que os trabalhadores nas cidades também fossem pobres e explorados pelos capitalistas, as relações entre eles e os donos das fábricas – que se davam nessa sociedade *industrial* que essas relações acabaram por gerar – eram fundamentalmente diferentes da sociedade feudal. Com os novos modos de trabalho e de vida, nasceram novas ideias políticas. O *marxismo* foi uma delas, e acabou por gerar uma corrente de pensamento que iria impactar a posteridade de maneira profunda. O pai do marxismo, Karl Marx (1818-1883), foi um advogado alemão que, junto com o seu parceiro intelectual e patrocinador Friedrich Engels (1820-1895), refletia sobre as transformações e novas realidades que via ao longo do século XIX. Parte central do pensamento marxista sobre a natureza do curso da história é denominada *materialismo histórico*. Por essa visão, as transformações ao longo da história acontecem não a partir das ideias que os indivíduos adotam, mas a partir das suas condições básicas de vida, relacionadas à maneira que trabalham e produzem e às relações sociais que surgem a partir dos modos de produção. A grande transição de uma sociedade agrária para uma sociedade industrial é um exemplo claro de mudança importante de vida, de agricultor para trabalhador. A partir dessas novas condições econômicas e materiais surgem novos dilemas políticos. Entre eles está o dilema de como os bens produzidos devem ser divididos. Na sociedade feudal, a produção era atrasada e gerava poucos excedentes. Ainda que agricultores conseguissem ficar com o que entregavam aos aristocratas, seguiram pobres e sem perspectiva de poder mudar de vida. Como viviam em sociedades distantes, organizar-se como uma força também era difícil; e, quando se rebelavam, costumavam ser reprimidos rapidamente. Ao contrário, na sociedade industrial, ao longo do século XIX, a produção gerada nas fábricas resultava em bens e riquezas nunca vistos na história. Enquanto isso, os trabalhadores cuja mão de obra gerava tal riqueza seguiam pobres, vivendo frequentemente de salários insuficientes. Essa situação provocava uma reivindicação por parte dos trabalhadores para receberem uma maior parte daquilo que produziam – e o fato de trabalharem juntos nas fábricas permitia a sua efetiva organização. Esses conflitos distributivos geram, como Marx ressalta, novas ideias e movimentos políticos.

É importante notar que, mesmo criticando a exploração do trabalhador, Marx via a transição para a sociedade industrial e capitalista como positiva, como um passo necessário para criar as condições a partir das quais os trabalhadores poderiam se unir. Com as grandes mudanças econômicas e sociais que ocorreram na sua época, Marx acreditava que o curso da história era marcado por uma força irresistível que levaria ao progresso. Portanto, como a mudança da sociedade feudal para a sociedade industrial e capitalista tinha sido um progresso, a transição desta última para uma sociedade *socialista* e, depois, *comunista*, teria de acontecer como uma consequência inevitável das contradições inerentes ao capitalismo, e dos esforços eventuais por parte dos trabalhadores para se livrarem da situação de exploração capitalista. Nesse sentido, era quase como uma lei da natureza para Marx. Porém, é importante distinguir entre marxismo como forma de governo e marxismo como filosofia social e econômica. Como sabemos hoje, muitos países nunca chegaram a abraçar o socialismo/comunismo mais dogmático como forma do governo, e a grande maioria dos que o fizeram agora já escolheram outro tipo de governo. Os princípios socialistas, vistos como um certo grau de coletivismo e como a necessidade de o Estado prover direitos econômicos e sociais básicos, porém, podem ser encontrados entre muitos partidos de centro-esquerda, vários dos quais governam países desenvolvidos. O marxismo como filosofia social e econômica tem ramificações muito amplas em várias vertentes das ciências sociais e humanas, como economia, sociologia, ciências políticas, antropologia, psicologia etc. Nas relações internacionais, o marxismo compreende amplas contribuições frequentemente publicadas em revistas líderes na área, muitas das quais dialogando bastante com outras perspectivas.

Mesmo que o próprio Marx não tenha escrito muito extensivamente sobre assuntos internacionais, o seu foco em classe e condições sociais apontou para algumas novas perspectivas sobre fenômenos internacionais. É interessante observar a crença de Marx de que a paz mundial seria possível no momento em que as classes trabalhadoras chegassem ao poder, visto que a sua solidariedade baseada na condição de trabalhador criaria um laço que superaria a diferença de nacionalidade. Isso não se concretizou, e diferentes conflitos entre países comunistas, como, por exemplo, a União Soviética e a China, de fato se materializaram ao longo do século XX. É talvez um tanto paradoxal que a convivência pacífica, prevista por Marx, entre países socialistas chegou de fato a se concretizar, porém, entre países de democracias liberais, que quase sem exceções não declararam guerra entre eles ao longo das últimas décadas. Na sua teoria sobre os interesses objetivos da classe trabalhadora, Marx parece ter subestimado a força do nacionalismo e suas diferentes expressões ao longo da história, que frequentemente também foram incorporadas e utilizadas por governos socialistas. Por fim, Marx considerava que as sociedades colonizadas, que antes eram atrasadas e caracterizadas por estruturas econômicas e sociais tradicionais, teriam no colonialismo importante impulso que as levaria para mais perto da modernidade capitalista. A partir da introdução do capitalismo surgiriam as condições para o proletariado fazer uma revolução nesses países. Portanto, mesmo que Marx criticasse a opressão colonial, ele via isso como um passo necessário no caminho para o socialismo.

Outro importante teórico marxista foi o Vladimir Lenin (1870-1924). Lenin é conhecido mais pelo seu ativismo político e como o primeiro líder do regime soviético, no entanto, sua contribuição acadêmica também é significativa. No seu trabalho *Imperialismo, fase superior do capitalismo*, Lenin (1917) argumenta que dado a tendência inerente do capitalismo de buscar a expansão e maiores mercados, o imperialismo torna-se o estágio final desse sistema, já que o capital financeiro procura expandir para economias subdesenvolvidas a fim de buscar maiores taxas de lucros. Lenin ressalta o monopólio como um traço especial do capitalismo imperialista. E enquanto a livre concorrência seria um elemento fundamental no capitalismo incipiente, à medida que as grandes empresas se consolidam e expulsam os menores atores dos mercados, o capitalismo ganhava cada vez mais contornos marcados pelas características do monopólio. Os grandes poderes capitalistas da época, portanto, buscaram criar mercados exclusivos para exploração das suas classes capitalistas nacionais. De acordo com Lenin, mais cedo ou mais tarde, essa competição pelo domínio colonial provocaria tensões entre os países colonizadores, levando eventualmente ao conflito direto. Na sua visão, a competição econômica levaria a conflitos entre os países capitalistas, como alguns sustentariam que tinha sido o caso durante a Primeira Guerra Mundial. As observações sobre o desenvolvimento do capitalismo financeiro de Lenin são astutas, porém, é possível afirmar que ele errou na previsão de que a competição imperialista necessariamente levaria para uma guerra entre os grandes poderes. Embora o sistema colonial tenha sido desmantelado ao longo do século XX, a expansão financeira no mundo em desenvolvimento continuou sem provocar rivalidade intensa entre os poderes desenvolvidos.

Outro importante teórico e político marxista foi Leon Trotski (1879-1940), cuja contribuição conceitual ao pensamento sobre a economia política global compreende a teoria sobre *desenvolvimento desigual e combinado*. Essa teoria refere-se a duas premissas centrais: os países têm trajetórias de desenvolvimento bastante diferentes, a partir da sua própria história e de características nacionais. Por outro lado, mesmo seguindo um caminho de desenvolvimento próprio, ainda são influenciados pelas suas interações econômicas, culturais e políticas. Partes de instituições e dos modos de desenvolvimento de alguns países podem exercer certa influência e acabar sendo adotados por outros e, além disso, processos sociais e econômicos que duravam muitas décadas ou até séculos para uns podem passar rapidamente em outros. O país A, por exemplo, pode influenciar o processo de desenvolvimento econômico do país B, sobretudo se ele mesmo estiver mais avançado. Porém, as relações desiguais entre esses dois países significam que A provavelmente só estará interessado em impulsionar as atividades econômicas de B que sirvam para as suas próprias necessidades. Portanto, o país B pode muito facilmente se encontrar numa situação na qual parte da sua economia está muito desenvolvida, enquanto outros setores da economia estão atrasados e são precários. Esse foi o caso na

Rússia czarista que Trotski conheceu, que tanto abrangia indústrias pesadas e modernas para a época, como abrigava uma estrutura agrária muito pobre e pouco produtiva. Essa situação é evidente em muitos países em desenvolvimento, que frequentemente abrangem tanto setores econômicos de ponta como atividades muito subdesenvolvidas. O fato de o Brasil produzir aviões comerciais ao mesmo tempo que parte da população do país subsiste por meio de garimpo artesanal ou como flanelinha de trânsito é outro exemplo claro desse sintoma.

O pensamento marxista sobre economia política e relações internacionais também é disseminado pela leitura da obra da ativista e intelectual Rosa Luxemburgo (1871-1919). Na filosofia dela, destaca-se a mesma divisão do mundo, não em diferentes países e nacionalidades, mas em classes baseadas na posição econômica dos grupos sociais. Luxemburgo, portanto, fez uma forte crítica à Primeira Guerra Mundial, pois a via como uma luta entre classes capitalistas pelo domínio econômico mundial, que não obstante acabou vitimando os trabalhadores em diversos países que não tinham nenhum motivo e interesse na guerra. A grande contribuição para análise da economia internacional de Rosa Luxemburgo pode ser encontrada na sua obra *A acumulação do capital* (1913). Nela, a pensadora reflete sobre como o capital inicialmente acumulado em países ricos se expande para mercados em países colonizados e subdesenvolvidos. Nesse processo, os Estados poderosos garantem a abertura econômica desses territórios e sua reorganização econômica, deixando de lado atividades primitivas e tradicionais para adaptá-los ao capitalismo. Essa expansão tem como motivação principalmente a obtenção de terras e recursos naturais, além do acesso à mão de obra nessas regiões. Isso implica também a destruição de modos de vida tradicionais e não capitalistas. O resultado desse desenvolvimento é a reestruturação das economias em países subdesenvolvidos para tornarem-se fornecedores de *commodities* aos países ricos, que, por sua vez, dependem de poder alocar parte da sua produção de bens para esses países. Luxemburgo foi uma crítica contundente ao imperialismo, ao sistema de domínio militar e ao "fatiamento econômico" dos países colonizados por parte dos poderes colonizadores. Nesse sentido, ela difere-se dos marxistas que viam o colonialismo como um passo necessário para criar as condições para o surgimento de um proletariado moderno, que pudesse agir como vanguarda na revolução.

Um traço comum entre muitos pensadores marxistas é que eles tendem a atribuir grande importância às condições materiais da vida social. Assim, as fábricas, as ferrovias, o dinheiro acumulado e a maneira de produzir constituem a chamada "base" da estrutura social. Essa base define a superestrutura, compreendida nas instituições, na cultura e nos valores predominantes. O filósofo marxista italiano Antonio Gramsci (1891-1937) duvidava do pressuposto de muitos pensadores marxistas de que o desenvolvimento econômico inevitavelmente levaria a sociedade a uma trajetória quase que predefinida, no sentido de construção do socialismo a partir das contradições no capitalismo. Para Gramsci, um aspecto importante para conseguir o domínio da sociedade, a chamada *hegemonia*, relacionava-se à capacidade de incorporar grupos e instituições sociais atuantes num projeto de poder, por meio do convencimento deles. Por isso, não haveria nenhuma "lei escondida" no desenvolvimento econômico que mais cedo ou mais tarde necessariamente levaria ao socialismo. Isso somente poderia ser alcançado por meio da propagação de ideias, agendas sociais e cultura política que desafiassem as maneiras então estabelecidas de pensar e governar. Gramsci se referia a isso como a *guerra de posições,* porque implicava uma atuação estratégica para conseguir aliados em diferentes lugares de importância na definição de um novo projeto hegemônico.

As reflexões de Gramsci sobre a política internacional são relativamente escassas, mesmo que ele tenha reconhecido a importância da interconexão entre o meio nacional e internacional, sobretudo com relação a processos de proliferação ideológica (Gramsci, 1999: 406). Não obstante, suas escritas têm influenciado pensadores mais recentes do chamado *neogramscismo*. Robert Cox (1981) fornece uma interessante elaboração dos pensamentos de Gramsci por meio da sua concepção das diferentes forças históricas que propulsionam a política internacional. Essas forças não são apenas materiais, mas também abrangem aspectos institucionais e ideias. Projetos de domínio hegemônicos no plano global não dependem somente de capacidades materiais, como indústrias, finanças e equipamento militar, mas também da capacidade de legitimar a posição de liderança através de princípios e ideais, tanto como a criação de instituições tal como regras e organizações que governam o mundo de acordo com a lógica do projeto hegemônico. Steven Gill (1986) também trabalha o conceito de hegemonia de Gramsci sobre as relações internacionais. Esse autor ressalta que os projetos hegemônicos devem ser não baseados na dominação de um Estado poderoso, mas em uma ampla gama de classes e atores transnacionais, como empresas e grandes organizações globais, que dividem uma ideologia comum. Isso também é expresso como uma aliança entre classes capitalistas através das fronteiras nacionais em volta de um interesse comum em liberalização econômica no plano nacional e global. As contribuições neogramscianas começaram a aparecer principalmente a partir dos anos 1980. Num contexto no qual a globalização econômica ganhou força junto com a ideologia neoliberal e em que o apoio aos governos socialdemocratas declinou em muitos países desenvolvidos, os neogramscianos têm buscado entender essas tendências por meio de análises que focam em aspectos mais sutis de dominação. Portanto, têm procurado ir além do marxismo clássico, com a sua forte ênfase na economia e na relação entre trabalhadores e capitalistas, para tratar de questões mais complexas que caracterizam a economia política do mundo, principalmente após a queda do muro de Berlim em 1989.

Importantes reflexões, algumas das quais incorporam teoria marxista, podem ser encontradas na vertente de pensamento sobre economia política internacional conhecida como a *teoria de dependência*. Os teóricos dessa perspectiva inspiram-se muito no trabalho de Raul Prebisch (que tratamos na seção anterior). A ideia central nessa teoria é a concepção sobre o mundo dividido em *centro* e *periferia*. Enquanto o centro se especializa em produção de tecnologia e bens complexos de alto valor, a periferia se especializa na produção de *commodities* de pouco valor agregado. Sendo marcada pela falta de capital, a periferia não possui os meios necessários para sair dessa situação. Os dependistas são muito críticos à ideia de modernização econômica, que postula que pobreza é somente uma fase pela qual Estados subdesenvolvidos terão de passar, seguindo a mesma trajetória de desenvolvimento dos países desenvolvidos. Ao contrário, os dependistas ressaltam que o fato de o sistema econômico mundial ser interconectado significa que países ricos precisam dos países pobres como fornecedores de *commodities* e mão de obra barata, e que o desenvolvimento e o subdesenvolvimento são dois lados da mesma moeda da economia mundial capitalista. Para sair da posição de dependência, os países subdesenvolvidos precisam cortar os laços de dependência com os países ricos e buscar definir um projeto próprio de desenvolvimento que também compreenderia um elemento de desenvolvimento de indústrias domésticas. Uma importante voz na teoria de dependência foi Gunder Frank (1929-2005), economista que escreveu extensivamente sobre os dilemas e desafios dos países pobres. Frank também ressaltou o papel das burguesias internas em manter a situação de dependência por meio da sua influência na manutenção da economia dependente de *commodities* e a tendência de fomentar a saída de capital através do seu consumo de produtos de luxo.

A teoria da dependência inspirou a chamada *teoria do sistema-mundo,* encabeçada em larga medida por Immanuel Wallerstein (1930-2019). Um traço forte do pensamento marxista na teoria de Wallerstein é a sua ênfase na importância de as circunstâncias econômicas moldarem o curso da história. Em consonância com os dependistas, Wallerstein afirmava que desde o século XVI, a economia mundial tinha sido integrada em um sistema econômico coerente, à medida que os exploradores e colonizadores da Europa tinham integrado todos os continentes em um sistema de produção e comércio. Wallerstein também dividia o mundo em centro e periferia, mas agregava a noção de *semiperiferia,* que seriam partes do mundo que abrangem tanto processos econômicos que caracterizam o centro, como outros que são associados com a periferia. Muitos Estados que consideramos hoje como países de renda média – inclusive o Brasil – são, portanto, parte da semiperiferia. Wallerstein descreve os processos econômicos que definem uma área do mundo como periferia. Eles abrangem do desmantelamento dos sistemas econômicos próprios desses países e a incorporação de pessoas e territórios em atividades econômicas que visam prover os bens que os mercados globais procuram, predominantemente *commodities* no caso de países pobres. Os modos de produção tendem a ser simples, com pouco uso de tecnologia e máquinas complexas, e os salários são baixos, o que significa que muitos trabalhadores ganham somente o necessário para a sobrevivência. Tanto a teoria de dependência como a teoria do sistema-mundo tiveram maior aderência na última parte do século XX do que têm hoje. Isso não quer dizer que atualizações importantes e as suas influências em outras obras não são visíveis. Porém, a ideia sobre o chamado *determinismo*, no qual as condições econômicas de dependência são quase uma camisa de força da qual os países pobres não conseguem sair, a menos que quebrem os vínculos econômicos com os países ricos do centro, não parece mais ser tão válida. Isso se deve ao fato de que muitos projetos de industrialização por meio de substituição de importações – quando Estados tentam de modo forçado produzir muitos bens no próprio país – simplesmente não tiveram efeito, e muitos países voltaram atrás, o que aconteceu a vários casos latino-americanos. Além disso, como veremos, muitos Estados asiáticos conseguiram se desenvolver e chegar ao *status* de países de renda alta por meio da sua participação na economia mundial (mesmo tendo adotado a substituição de importações num primeiro momento). As trajetórias desses países tiveram aspectos de industrialização forçada, e de outras estratégias que não seriam recomendadas pelos governos dos países desenvolvidos, mas que eram baseadas na necessidade de buscar mais competitividade na economia internacional. O isolamento econômico completo, portanto, se em algum momento foi uma escolha viável, não o parece ser mais. Mesmo assim, é importante apreciar as teorias de dependência e do sistema-mundo por serem baseadas em extensas análises históricas e pela sua capacidade de identificar traços fundamentais da situação de subdesenvolvimento, que têm as suas raízes tanto em problemas domésticos como na lógica da economia mundial. Ao analisarmos o cenário vivenciado hoje por muitos países latino-americanos, vários dos traços econômicos, sociológicos e políticos do subdesenvolvimento detectados pelos pensadores sobre a condição de dependência ainda estão claramente presentes. Isso mostra como o conhecimento da história é importante como guia para não ser condenado a repeti-la.

O LEGADO DO PENSAMENTO ECONÔMICO

As variadas correntes de pensamento econômico têm influenciado o curso da história de diferentes maneiras. Mesmo que existam mais diversidades internas para além do que foi tratado neste capítulo, elas fornecem um norte para entender os dilemas, as controvérsias e debates econômicos que se deram nos últimos séculos. A divisão entre Estado/coletividade, por um lado, e mercado/iniciativa privada, por outro, foi abordada em profundidade por Karl Polanyi (1944). Polanyi retratou a história econômica como um pêndulo que sempre oscilava entre formas de governo baseadas na convicção nas forças do livre mercado e outras baseadas na vontade de um coletivo de pessoas e grupos sociais, mais frequentemente expressas como o Estado. Nesse sentido, o liberalismo se distingue muito pelo que aqui foi tratado em termos do estatismo e o marxismo, por meio da sua convicção da capacidade do mercado de produzir os melhores resultados econômicos e, concomitantemente, da sociedade como um todo. As últimas duas correntes constituem um contraponto a essa convicção, e em graus variados ressaltam a necessidade de regular, intervir e até substituir as forças do mercado com ação estatal. Poder-se-ia dizer que, nesse sentido, o marxismo e aqueles que se aderem ao estatismo não se diferem muito. Suas diferenças, porém, encontram-se mais na ambição emancipatória (voltada para a liberação das pessoas) e igualitária do marxismo, o que se reflete no foco nas classes sociais e na profunda mudança social. Não obstante, é importante ressaltar que raramente tem sido possível associar as políticas econômicas de um Estado com uma vertente econômica específica. A complexa realidade e os desafios variados que recorrentemente aparecem significam que diferentes respostas econômicas são adotadas de acordo com as questões do momento. Ainda mais depois da queda do muro de Berlim, não faz muito sentido falar de Estados liberais, intervencionistas/mercantilistas ou socialistas. Como veremos mais adiante, os diversos modelos econômicos contêm elementos mistos de diferentes vertentes de pensamento, e sempre foram moldados de acordo com as necessidades e escolhas específicas de cada país ao longo do tempo. Portanto, podemos falar de elementos liberais mais ou menos fortes numa dada política econômica, ou sobre o grau de intervencionismo de uma medida ou política, ou até sobre as inclinações socialistas de um dado partido. Mas é importante sempre lembrar que, por mais fácil que seja para o teórico definir uma linha de pensamento que aparenta explicar o processo de desenvolvimento econômico de forma clara e consistente, é igualmente difícil para o governante aplicar essas teorias à realidade "bagunçada" da vida econômica.

O motor
da economia global

OS COMPONENTES DO MOTOR

O termo "economia global" pode facilmente parecer algo bastante distante do nosso dia a dia. Referências ao preço do petróleo, o comportamento das bolsas asiáticas e a taxa de juros do Banco Central dos EUA são parte do noticiário cotidiano, mas raramente os associamos a algo que impacta nas nossas vidas. Na verdade, a economia global não é um mundo separado da doméstica, da vida econômica e profissional dos cidadãos; nada mais é do que uma continuação do que acontece dentro dos Estados. De fato, as economias local, nacional e internacional sempre foram interconectadas. Poucos países tentaram barrar por completo todo tipo de interação comercial e financeira através das suas fronteiras, e número menor teve sucesso. É verdade que os mares continentais proviam barreiras naturais pela interação, mas desde o século XVI elas foram superadas e deu-se início ao processo de interconexão cada vez mais intensa da economia mundial. Mesmo que as economias nacionais e regionais sempre estivessem de alguma forma interconectadas, o mais recente processo de globalização, desde as últimas décadas do século XX, tem "encurtado as distâncias" e pavimentado o caminho para um grau inédito de interconexão dos eventos econômicos globais; desde o cultivo do trigo no interior do Cazaquistão até a compra na padaria da esquina.

Mas se a economia global é conectada em um grande sistema de transações e interações, e se os seus sistemas internos se estendem através das fronteiras nacionais, como então fazer para entender as partes individuais que compõem esse motor econômico? Não existe resposta fácil para essa pergunta, e por isso o foco de atenção sempre será uma questão de escolha. Há, porém, alguns elementos-chave da economia global. Neste capítulo, vamos nos concentrar neles, que podem ser denominados como dinheiro, finanças, comércio e produção. Referem-se, então, ao conjunto de elementos que compõem a economia global, e, mesmo que se sobreponham, cada um tem dinâmicas próprias e uma série de instituições internacionais que tratam deles. Na primeira seção, vamos falar de dinheiro, no que se refere às diferentes moedas nacionais, e do papel que ele exerce no plano global. Aqui, o chamado *sistema monetário internacional* é analisado desde o surgimento do padrão ouro no século XIX até os dilemas monetários da atualidade. Na segunda seção, trataremos das finanças internacionais, que hoje em dia fluem entre países a uma velocidade nunca vista.

Entender o *sistema financeiro internacional* é mais relevante do que nunca, sobretudo por causa das diversas implicações das suas altas e baixas, que ao longo das últimas décadas se fizeram fortemente presentes em muitos países. Na terceira seção, focamos no *sistema comercial internacional*. Quando tratamos desse sistema, não abarcamos apenas compra e venda de produtos e serviços através de fronteiras nacionais, mas também o arcabouço institucional que regula essas interações e todas as complexas escolhas e dilemas dos países sobre o quanto e como buscar o seu desenvolvimento por meio da integração no sistema. Por fim, na quarta seção tratamos de entender o *sistema de produção internacional,* dado que os fluxos de bens e mercadorias provavelmente são os que expressam mais claramente a integração da economia global. Aqui vamos evidenciar a evolução da complexa rede de produção global e as questões políticas e sociais que necessariamente acompanham as transformações e que dizem respeito ao trabalho, salário e ao ambiente no qual a produção acontece.

O SISTEMA MONETÁRIO INTERNACIONAL

O uso de moedas data desde as antigas civilizações humanas. Por meio dos metais preciosos ouro ou prata, de que mais frequentemente eram forjadas, as moedas representavam um valor que possibilitou que comerciantes e outros viajantes pudessem levá-las a longas distâncias. Assim, as moedas possibilitaram a aquisição de bens em um determinado lugar sem que houvesse necessidade de levar produtos para trocar. A própria imagem do monarca na face da moeda era o suficiente para mostrar que ela simbolizava um valor, e que, portanto, serviria para a compra de produtos em outros lugares. Esse acordo implícito entre os atores econômicos sobre o valor das moedas, e do dinheiro de maneira geral, também significou que muitos governantes poderosos nem precisavam usar o metal precioso para atribuir valor à moeda; já bastava que elas carregassem o selo dele. As moedas tornaram-se, assim, um importante meio de barganha, tanto dentro como fora dos reinos e impérios que as cunharam. Moedas do Império Romano, portanto, são até hoje descobertas em lugares tão distantes como a China e o Japão.

Mesmo que moedas tenham sempre circulado pelo mundo e o seu uso fosse amplamente aceito em muitos países, não se pode falar de um sistema monetário internacional até o século XIX. Primeiramente, foi naquele século que a economia internacional chegou ao grau necessário de interconexão de comércio e produção para formar a base econômica da consolidação de um sistema como tal. Além disso, um regime monetário internacional também requer que princípios, regras e procedimentos relacionados à aceitação comum de moeda(s) sejam adotados pelas maiores economias globais. Isso possibilita que o comércio de bens, serviços e capital pudesse fluir com poucas interrupções através das fronteiras nacionais. Um sistema monetário internacional, portanto, é tratado por autores de relações internacionais em termos de um *bem comum público*, pelos benefícios que provê de forma ampla para os atores na economia internacional. Isto é, quando é possível para os governos mundiais concordarem sobre as regras de um sistema monetário único, fato muito raro ao longo tanto da história distante quanto da história mais recente. Como veremos adiante, estabelecer esse sistema requer um grau de cooperação e aderência por parte dos países que em certa medida podem limitar o seu espaço para manobra econômica. Desde o século XIX, há três regimes monetários gerais: 1) o chamado *padrão ouro*, mantido pela Grã-Bretanha ao longo do século XIX até o começo do século XX; 2) o sistema de câmbio fixo e baseado no dólar norte-americano, criado no Bretton Woods, que se manteve em vigor no pós-guerra e até o começo dos anos 1970; e 3) o presente sistema de câmbio flutuante, que marca as relações monetárias internacionais desde os anos 1980. Este último, porém, não contém o mesmo núcleo definido de modo claro, como os dois primeiros, e passou por diversas mudanças e tentativas de reformas para definir um novo sistema.

O período de hegemonia mundial britânica viu a prevalência do chamado padrão ouro, que de certa forma serviu como a base monetária para o domínio daquele país. Esse sistema foi introduzido formalmente em 1821, quando a Grã-Bretanha adotou o ouro como a base da sua moeda. Em 1844, o Banco Central da Grã-Bretanha, *Bank of England,* tomou a decisão de lastrear as notas emitidas por aquela instituição com ouro, o que significou que em qualquer momento poderiam ser trocados por uma certa quantidade desse metal precioso. Isso serviu para garantir a confiança na moeda, que chegou a ser a base de transações internacionais e forneceu uma âncora monetária para muitos outros países, que indexaram as suas moedas ao ouro ou diretamente ao *pound sterling* britânico. O fato de o país mais poderoso do mundo de então ter adotado o ouro como base da sua moeda fixou o valor desse material. As políticas monetárias e fiscais de muitos governos nesta época, portanto, foram voltadas para manter a conversibilidade das suas respectivas moedas ao ouro. Junto com a abertura comercial e a liberdade de navegação, o padrão ouro tornou-se um dos pilares para o domínio britânico do mundo ao longo do século XIX. Sendo emissor da moeda mais forte, a Grã-Bretanha agiu no papel de importante credor, impulsionando grandes projetos econômicos pelo mundo. Isso também ocorreu no Brasil, onde o crédito britânico financiou grande parte das obras de infraestrutura. A emergência da Primeira Guerra Mundial acabou por fragilizar o padrão ouro. O financiamento da guerra gerou muita inflação, e a produção do metal como lastro para o dinheiro emitido não pôde acompanhar esse processo. Algumas tentativas foram feitas para revitalizar esse sistema após a guerra, mas nunca voltou ao papel desempenhado ao longo do século XIX.

No fim da Segunda Guerra Mundial, os poderes aliados que estavam à beira da vitória começaram a planejar a ordem econômica do pós-guerra. Na conferência de Bretton Woods em julho de 1944, 44 nações se reuniram para organizar as futuras bases da economia mundial, embora os Estados Unidos e a Grã-Bretanha na prática tivessem acabado por definir juntos esse sistema. Entre as instituições criadas naquela ocasião, o Fundo Monetário Internacional (FMI) estaria a cargo de oferecer créditos aos Estados em dificuldade pela falta de divisas externas. Por pressões dos EUA, o FMI instalou um sistema de câmbio fixo, baseado no dólar norte-americano, como moeda de referência, que, por sua vez, foi lastreado no ouro a um preço fixo de US$35 por uma onça (28,34 gramas). Com o dólar ancorado nessa *commodity*, as moedas de outros países estariam atreladas ao dólar, porém, com certa margem para flutuar. No final da Segunda Guerra Mundial, os Estados Unidos detinham a maior quantidade do ouro no mundo, e suas reservas garantiram a confiança no dólar pelo fato de ele poder ser convertido em ouro a um preço fixo. Nesse sentido, o sistema monetário de Bretton Woods compartilhou algumas semelhanças com o padrão ouro do século XIX. No entanto, um novo elemento importante desse sistema foram as faixas dentro das quais as diferentes moedas poderiam flutuar em relação ao dólar. Portanto, se fossem subir ou decrescer para além dessa faixa, os bancos centrais dos países em questão iriam intervir por meio da venda ou compra das moedas, garantindo, assim, a estabilidade em relação ao dólar. Além disso, controles de capital foram criados para atenuar fluxos violentos de capitais, o que também serviu para aumentar o espaço de formação de políticas econômicas por partes dos governos.

O sistema monetário estabelecido em Bretton Woods trouxe muita estabilidade à economia mundial. Por um lado, forneceu aos governos mundiais um certo grau de autonomia para manejar suas próprias economias, mas, por outro, evitou que eles se engajassem em desvalorizações competitivas para ganhar uma maior fração dos mercados globais. A estabilidade monetária criada pelo sistema Bretton Woods foi essencial para que os países devastados pela guerra na Europa e na Ásia Oriental pudessem se reerguer nesse período. O sistema também beneficiou os EUA, pois como detentor da moeda de referência mundial poderia financiar seus déficits provocados pela alta de gastos domésticos ou pelo seu engajamento na Guerra de Vietnã simplesmente por meio da emissão de dinheiro – um privilégio que nenhum outro país no mundo detinha. Em circunstâncias normais, quando um país imprime muito dinheiro, a sua moeda pode perder valor. Porém, o fato de o dólar estar fixado no ouro durante a época do Bretton Woods significou que a moeda se manteve artificialmente alta, o que fez com que países com moedas menos valorizadas, como na Europa Oriental ou Japão, exportassem muito para os EUA. No começo dos anos 1970, porém, a inflação gerada pela emissão de grandes quantidades de dólares, assim como o déficit comercial dos EUA, e ataques especulativos, fizeram com que este sistema monetário se tornasse insustentável. Além disso, os países na Europa tampouco tinham a mesma necessidade de captar dólares como ocorreu imediatamente depois da guerra. Em 1971, o presidente dos EUA, Richard Nixon, sem consultar os aliados e parceiros econômicos daquele país, decidiu fazer com que o dólar não fosse mais convertível ao ouro, ocasionando, assim, o fim do sistema monetário de Bretton Woods.

Desde os anos 1970, é um tanto difícil falar em um sistema monetário internacional coerente e estável. A partir de 1973, o FMI amplificou a faixa na qual as moedas nacionais poderiam flutuar de acordo com as tendências dos mercados internacionais. Alguns Estados deixaram a sua moeda flutuar livremente, enquanto muitos países europeus buscaram arranjos regionais para integrar suas políticas monetárias e, eventualmente, as suas moedas. No acordo estabelecido no Hotel Plaza em Nova York em 1985, os grandes poderes econômicos do período (EUA, França, Alemanha Ocidental, Japão e Grã-Bretanha) concordaram em cooperar para controlar seus câmbios respectivos. Por pressão dos EUA, foi combinado que o dólar iria se desvalorizar gradativamente em relação às moedas dos outros países. Desde então, o sistema de câmbio parcialmente controlado tem vigorado, revertendo parte da grande flexibilidade que marcou o período entre 1973-1985. Na era do pós-Bretton Woods, os Estados têm buscado diferentes maneiras de lidar com a incerteza provocada pela flutuação cambial, sendo algumas delas: deixar um grau de flutuação com intervenção esporádica dos bancos centrais; usar diferentes tipos de câmbios para diferentes tipos de transações, diferenciando sobretudo transações financeiras e comerciais; ou o atrelamento entre moedas ou a fixação com uma moeda forte, como é o caso com a temporária ligação do peso argentino com o dólar norte-americano. De modo geral, o sistema monetário, ao longo das últimas décadas, é altamente volátil, provocando riscos e incertezas para países e atores econômicos, sobretudo no que diz respeito a flutuações de longo prazo, em relação às quais é mais difícil de se resguardar por meio de seguros cambiais.

Outra tendência fundamental que se amplificou com a queda da ordem monetária de Bretton Woods foi a nova interconexão entre o sistema financeiro e o monetário. Antes, tinha havido fortes controles cambiais, de maneira que a flutuação de dinheiro através de fronteiras nacionais em larga medida acontecia em função de transações comerciais. Com a remoção dos controles cambiais nos anos 1970-80, o chamado mercado dos *eurodólares* – referência ao volume de dólares que flutuavam nos mercados de capitais fora dos EUA em busca de maiores retornos – se expandiu de maneira drástica. Além disso, as crises de petróleo ao longo dos anos 1970 provocaram altíssimos aumentos no preço dessa *commodity*. Países produtores no Oriente Médio passaram a receber enormes volumes de dólares em lucros das suas vendas, que por sua vez investiram nas bolsas de Londres e Nova York. Essa grande oferta de dinheiro, os chamados *petrodólares*, foi canalizada para outros países em desenvolvimento. Em pouco tempo, levaria à criação de uma rede financeira internacional e à comercialização de moedas através de fronteiras nacionais, sendo sujeita a cada vez menos barreiras. O volume de moedas nacionais comercializado a cada dia nos mercados internacionais de capitais aumentou de maneira drástica.

Como exemplo, em 2019, esse valor chegou a 6,5 trilhões de dólares por dia. Isso significa que o valor total de moedas comercializado no mundo em um único dia superou em mais do que três vezes o valor de todos os bens e serviços produzidos no Brasil durante todo aquele ano! Com a diferença de horários no planeta, há sempre uma bolsa em funcionamento, o que quer dizer que o mercado de capitais está em funcionamento 24 horas por dia. A flutuação em decorrência da comercialização – e em muitos casos, a especulação – constante de moedas criou um risco de flutuação cambial com o qual todos os atores econômicos, sejam eles Estados ou empresas, terão de lidar. Empresas costumam se proteger contra flutuações no curto prazo por meio de contratos com instituições financeiras, em que um dado valor cambial para uma transação futura é estabelecido. Porém, as flutuações de longo prazo constituem outros riscos que são centrais em definir decisões de investimento e no planejamento das cadeias de suprimentos das empresas. A fragmentação do sistema monetário atual, tanto como os riscos que ele implica, tem levado muitos governos a expressar a necessidade de um novo acordo nos moldes de Bretton Woods. Não obstante, isso é associado a uma série de complexidades, dado o alto grau de interconexão financeira global e os interesses de instituições já adaptadas pela presente situação. Por causa da crise que o multilateralismo tem enfrentado, sobretudo a partir da última parte da década de 2010, essa ambição enfrenta condições adversas para se tornar realidade.

O SISTEMA FINANCEIRO INTERNACIONAL

À medida que a economia internacional se tornou cada vez mais interconectada ao longo do século XIX, os investimentos internacionais também tiveram um forte aumento. Como os processos de industrialização acelerada produziram inovações e excedentes de capital em alguns países, houve tentativas de lucrar por meio da aplicação desses recursos e conhecimento em regiões menos desenvolvidas. Ferrovias, navios a vapor e maquinaria agrícola, portanto, abriram grandes áreas para produção de alimentos e outros *commodities*, e garantiu sua distribuição global. Investidores perceberam o potencial que a alocação de capital em áreas subdesenvolvidas implicava e obtiveram grandes lucros, o que estimulou o fluxo de capitais pelo mundo. O capital estava concentrado principalmente na Europa, e mais tarde nos

EUA, e cidades como Londres e Paris tornaram-se grandes centros financeiros globais. Mesmo com a interrupção durante a Primeira Guerra Mundial, os fluxos de investimentos globais continuaram a crescer nos anos 1920, até a Grande Depressão (1929-1933). Não obstante, apesar do perigo das repentinas entradas e saídas de capital, situação que ficou evidente durante a crise dos anos 1930, somente no fim da Segunda Guerra Mundial foram feitos esforços para criar uma estrutura de governança financeira global. Na Conferência de Bretton Woods, portanto, foram criados o Fundo Monetário Internacional (FMI) e o Banco Internacional para Reconstrução e Desenvolvimento (BIRD). O BIRD, junto à Associação Internacional de Desenvolvimento (IAD), ficou mais conhecido como o Banco Mundial.

Como vimos na seção anterior, a função do FMI era regular o sistema monetário internacional e promover cooperação nessa área. Isso demandava a gestão das taxas de câmbio e o fornecimento de empréstimos para ajudar países com problemas no balanço de pagamentos. O papel do Banco Mundial, no entanto, era promover desenvolvimento econômico de longo prazo, num primeiro momento através da ajuda de reconstrução dos países devastados pela Segunda Guerra, e mais tarde através do financiamento e apoio para reformas econômicas em países em desenvolvimento. Para esse objetivo, provia financiamento de projetos econômicos em países em desenvolvimento, sobretudo nos países mais pobres. No contexto em que o FMI e o Banco Mundial foram criados, essas instituições tiveram papel central como parte da estratégia dos EUA de evitar que o mal-estar produzido pela devastação da guerra e pelas consequentes dificuldades econômicas empurrasse os países para os braços da União Soviética. A criação dessas instituições constituiu um marco muito significativo na governança financeira global, ocupando um espaço central na economia global desde então.

O papel das instituições financeiras internacionais tem mudado gradativamente ao longo do tempo, passando por diferentes fases, cada uma marcada por um foco distinto. Depois do fim do sistema Bretton Woods, o Banco Mundial engajou-se muito em projetos no então chamado terceiro mundo. O Banco aumentou seus empréstimos e ampliou muito o escopo do caráter dos seus projetos. Somados aos empréstimos de bancos comerciais, esses auxílios elevaram muito a dívida dos países em desenvolvimento, o que se tornou um grande problema quando o Banco Central dos EUA subiu a taxa de juros para o patamar de 20% em 1979, contribuindo assim para a *crise de dívida* do mundo em desenvolvimento, sobretudo nos países latino-americanos a partir de 1982. Ao longo dos anos 1980, as políticas do Banco Mundial também foram fortemente afetadas pela ideologia neoliberal que estava ganhando fôlego naquele momento. Como consequência, condicionalidades econômicas em contrapartida da concessão de empréstimos tornaram-se cada vez mais frequentes. O Banco Mundial ressaltou a necessidade de cortar gastos públicos para equilibrar as contas fiscais dos Estados e promover um ambiente propício para fazer negócios. Embora essas orientações políticas também marcassem a atuação do Banco nas décadas posteriores, ao longo dos anos 1980 foram perseguidas de maneira muito radical, o que acabou provocando grandes cortes nos sistemas de saúde e educação em países em desenvolvimento endividados. Isso resultou em amplas críticas ao Banco, que, a partir dos anos 1990, começou a valorizar mais os projetos com maior ênfase em desenvolvimento social, e gradativamente também em questões ambientais, como pilares importantes no processo de desenvolvimento.

Após o fim do sistema monetário de Bretton Woods, o Fundo Monetário Internacional abraçou o regime de câmbios flexíveis. Focou em empréstimos para países com déficits do balanço de pagamentos, mas também adotou uma forte política de condicionalidades, frequentemente destacando que esses países deveriam reduzir seus déficits, elevar juros e liberalizar a economia. A crise provocada pelo endividamento de muitos países em desenvolvimento nos anos 1980 forneceu um papel central para essa instituição como a última instância de resgate de países em crise. Como aconteceu com o Banco Mundial, o FMI também recebeu muitas críticas relacionadas às políticas de corte neoliberal com ênfase em condicionalidades. Essas vozes costumam ressaltar que os problemas econômicos vividos por países em crise nem sempre tiveram as suas causas predominantes no meio doméstico, mas sim em choques provocados por acontecimentos externos, o que significava que as soluções não necessariamente poderiam ser encontradas na busca de maior disciplina econômica. Outro ponto de crítica contra o FMI destaca que o Fundo promove um pacote de políticas vistas como implementáveis em todos os países, independentemente das especificidades do contexto nacional. Uma consequência disso é que a sociedade nos países onde as políticas de ajustes são implementadas sentem-nas como imposições forçadas ou que simplesmente não alcançam o efeito desejado. Especialmente na América Latina, o Fundo tem recebido críticas pelos programas de ajuste avançados por lá, que em muitos casos foram vistos como obrigações impostas por países desenvolvidos.

Mais recentemente, o papel do Fundo em relação à Grécia, que em 2010 estava em uma situação econômica bastante precária, tem sido alvo do mesmo tipo de críticas. A economia da Grécia foi muito impactada por uma série de fatores. Um deles tem a ver com a administração irresponsável por diferentes governantes ao longo de várias décadas. Porém, outros fatores têm causas estruturais, como a desvantagem competitiva das economias relativamente menos desenvolvidas da zona do euro, que usavam a mesma moeda que países com economias fortes (i.e., Alemanha). As condicionalidades apresentadas à Grécia pelo FMI acarretam na necessidade de fazer cortes amplos em muitas áreas, o que críticos enfatizam que somente servem para fragilizar ainda mais uma economia que já estava à beira do colapso. Além disso, após um referendo popular em 2015, a Grécia rejeitou um acordo com o FMI, a Comissão Europeia e o Banco Central Europeu. Porém, semanas depois, o país foi obrigado a aceitar um acordo com condições ainda mais duras para evitar a falência econômica. Isso faz algumas vozes ressaltarem o que enxergam como um forte elemento antidemocrático no *modus operandi* do FMI, e a falta de respeito com a população que enfrenta os custos dos ajustes estruturais. Se os cortes e as mudanças econômicas exigidas pelo Fundo são necessários, ou exagerados, é algo que tem sido objeto de debate entre economistas durante muito tempo. Porém, chama a atenção um ponto importante: dilemas econômicos não podem ser reduzidos a questões puramente técnicas, como se houvesse uma resposta correta que encerrasse a discussão. Como qualquer outra pessoa, economistas também têm valores e aderem a ideologias políticas diferentes. Quando escolhas econômicas tocam em questões que dizem respeito à distribuição de riqueza ou em temas que até mesmo se aproximam à vida ou morte, tornam-se necessariamente políticas e, portanto, abertas às interpretações diversas e dilemas morais que moldam a vida social.

A década de 2010 viu uma importante tendência no sistema financeiro internacional, que foi a entrada dos países emergentes como atores importantes nessa área, com forte destaque no papel da China. Como a China tinha passado por um amplo processo de desenvolvimento nas décadas anteriores, a partir dos anos 2010, sua economia se internacionalizou por meio de grandes investimentos diretos no estrangeiro. O engajamento chinês na criação de instituições financeiras por parte de países em desenvolvimento é um elemento central no que tem sido caracterizado como o surgimento de uma *ordem paralela* em áreas de política e finanças globais (Stunkel, 2016). Nessa perspectiva, o Banco Mundial encontra a sua sócia no *New Development Bank* (NDB), enquanto o FMI tem a sua por meio do BRICS Contingency Reserve Agreement (CRA). Outras iniciativas paralelas, que abrangem sistemas de pagamentos, agências de avaliação de risco e bancos regionais de desenvolvimento, também servem para preencher as funções centrais do sistema financeiro existente. O denominador deles é que a China tem papel central na sua criação. As novas instituições financeiras têm sido vistas como menos exigentes em termos de imposição de condicionalidades, o que tem um forte apelo para muitos países em desenvolvimento que sentem intensa aversão contra as práticas do FMI e do Banco Mundial. Porém, críticos a essas iniciativas também apontam para o risco associado a empréstimos para países autoritários com fracos mecanismos de governança. Ressaltam que isso pode servir para consolidar a posição de ditadores, que gastam o dinheiro sem critérios e sem que seja parte de um processo de modernização econômica geral. Ainda é cedo para avaliar o desempenho das novas instituições financeiras "dos emergentes", mas a maneira como a China tem apostado neles claramente indica que serão parte central do futuro sistema financeiro global.

Verificando as grandes tendências desde a Segunda Guerra Mundial, fica evidente que o fim do sistema Bretton Woods nos anos 1970 provocou um grande elemento de volatilidade e instabilidade financeira global. Enquanto crises financeiras, como a que levou à Grande Recessão entre

1929-1933, foram quase inexistentes entre 1945-1971, as décadas posteriores viram um aumento sem precedentes dessas crises. Basta mencionar a da *Black Monday* (1987), a do peso mexicano (1994), a asiática (1997), a da Rússia (1998), do Brasil (1998-1999), do peso argentino (1998-2002) e, sobretudo, a do *subprime* (2007-2008), que acabou por devastar a economia mundial, além da crise do euro (2010), para entender que o sistema financeiro amplamente desregulamentado e sem fortes estruturas de governança global constitui um enorme risco para todas as economias do mundo. Isso leva economistas proeminentes a enfatizarem a necessidade do restabelecimento e alguma estrutura de governança financeira global. A União Europeia tem se movimentado para preparar seu sistema bancário contra novas crises, mas são medidas ainda tímidas. Cada contexto histórico contém seus próprios desafios, então a revitalização do Bretton Woods provavelmente não será uma resposta adequada, considerando as grandes transformações da economia global desde então. Porém, enquanto não existirem estruturas de governança global dos riscos financeiros, é de se esperar que seguirão provocando grandes crises futuras.

O SISTEMA COMERCIAL INTERNACIONAL

A troca de bens e alimentos através de grandes distâncias sempre foi uma fonte de sustento e criação da riqueza. Motivado pela necessidade ou desejo de obter produtos escassos ou inexistentes em uma dada região, o comércio surgiu já no limiar da civilização humana. Na medida em que a organização social chegou ao ponto da criação de sociedades e nações, as rotas de comércio e as leis que regulavam essas atividades ganharam grande importância política, sendo que os fluxos de produtos e dinheiro poderiam definir se um país conseguiria prosperar ou sobreviver à concorrência internacional. Como vimos no capítulo anterior, diferentes estratégias mercantilistas ou liberais têm guiado a atuação dos Estados para conquistarem mercados internacionais e promoverem suas indústrias. Porém, considerando a alta importância do comércio internacional para os países, são relativamente recentes os esforços dos Estados para definir mecanismos para governar esses intercâmbios. O Tratado de Cobden-Chevalier (1860) entre a França e a Grã-Bretanha foi visto como o primeiro acordo comercial moderno. Nele, o princípio de *Nação Mais Favorecida* foi introduzido e implicava a abolição de discriminação entre os parceiros comerciais de um país, e que todos os benefícios comerciais concedidos a um parceiro comercial de um país deveriam ser automaticamente estendidos a todos os parceiros aos quais o *status* de Nação Mais Favorecida foi outorgado. A partir do momento da assinatura desse tratado, as revoluções tecnológicas, a crescente interconexão do comércio e a produção internacional ao longo da última parte do século XIX levaram àquilo que foi considerado a primeira onda de globalização econômica, que se deu entre 1860-1914. Como vimos na seção anterior, o padrão ouro através do *pound sterling* forneceu um meio de valor, sobre o qual os países concordavam, criando uma base estável pelo crescimento do comércio internacional.

Na última década do século XIX e na primeira do século XX, os mecanismos para a regulação do comércio internacional foram estruturados de acordo com os países economicamente fortes, e suas colônias foram obrigadas a interagir somente com esses poderes. Acordos entre os grandes poderes existiam, mas não havia um órgão para tratar das relações comerciais em base multilateral. Ideias sobre a criação de uma instituição nesses moldes tinham sido defendidas pelo então presidente dos Estados Unidos, Woodrow Wilson, mas não chegaram a prosperar. Com o advento da Grande Depressão (1929-1933), os EUA aprovaram a Smoot-Hawley Act (1930), uma lei que procurava apoiar a indústria do país por meio da elevação de barreiras tarifárias. Não obstante, outros países responderam a essa medida por meio das suas próprias barreiras, o que acarretou em uma forte queda do comércio internacional e um agravamento da situação econômica mundial.

A onda de protecionismo depois da Grande Depressão serviu como importante lição durante a construção da ordem global do pós-guerra. A visão sobre uma ordem comercial aberta, portanto, marcou a Conferência de Bretton Woods em 1944. Mesmo que a versão de livre comércio daquela época deixasse muito mais espaço para proteção tarifária e subsídios domésticos que seria predominante no fim do século, a ideia era resguardar a economia global contra as fortes tendências de mercantilismo e protecionismo que tinham obstruído a economia mundial durante os anos 1930. Um mundo marcado pelo intercâmbio comercial entre economias relativamente abertas também foi visto como um elemento importante na construção de relações internacionais estáveis no pós-guerra. Junto com o Fundo Monetário Internacional e o Banco Mundial, a Organização Internacional do Comércio (International Trade Organization – ITO) foi vista como um importante terceiro pilar no arcabouço institucional da ordem mundial do pós-guerra. Por causa de certa reticência por parte dos EUA, as ambições da construção da ITO não puderam ser realizadas, e os planos para a criação dessa instituição acabaram substituídos pelo Acordo Geral de Tarifas e Comércio (General Agreement on Trade and Tariffs – GATT). Nas décadas de 1940-1980, várias rodadas de negociações para a liberalização da economia internacional foram concluídas. A instituição estava baseada no princípio da Nação Mais Favorecida, garantindo que os resultados em termos de abertura comercial automaticamente seriam estendidos a todos os membros da organização. O maior resultado produzido pelo GATT foi a conclusão da Rodada Uruguai (1986-1994), que resultou na substituição dessa organização pela Organização Mundial do Comércio (OMC). Ao contrário do GATT, que focava principalmente em medidas tarifárias, a OMC foi além, tratando de regular questões antes vistas como assuntos internos dos Estados. Medidas de apoio para agricultura, regras sanitárias e fitossanitárias, relações com empresas nacionais e propriedade intelectual foram incluídas no escopo da OMC. Além disso, como parte dessa organização, também foi instalado um tribunal de contenciosos, no qual membros descontentes com as práticas de outros membros poderiam apresentar suas queixas. Assim, um julgamento favorável poderia fazer com que o país infrator fosse forçado a mudar as suas práticas. Como grande exportador agrícola, o Brasil teve sucesso em dois casos que iniciou contra a União Europeia, um sobre açúcar (2002-2005) e outro com os Estados Unidos em relação ao algodão (2002-2005). Dessa forma, o sistema de resolução de controvérsias da OMC forneceu uma plataforma na qual alguns países em desenvolvimento conseguiram desafiar as práticas comerciais dos países desenvolvidos, embora os altos custos dificultassem o sucesso dos países mais pobres.

Ao longo dos anos 1990, muitos países em desenvolvimento expressavam grande descontentamento devido à sensação de que a abertura comercial provinda da liberalização comercial, e sobretudo o resultado da Rodada Uruguai, tinha beneficiado os países ricos ao custo deles. Uma nova rodada de negociações comerciais multilaterais, portanto, foi iniciada em 2001 em Doha, Qatar, visando criar um sistema comercial mundial mais justo para os países menos desenvolvidos. A Rodada Doha também foi defendida como a "Rodada de Desenvolvimento". Não obstante, as negociações rapidamente foram marcadas por discordâncias entre países desenvolvidos e países em desenvolvimento. Na conferência Ministerial em Cancun, no México, em 2003, essas tensões ficaram muito evidentes, o que eventualmente levou ao fracasso da reunião. A agricultura era um ponto central nas discussões. Muitos países em desenvolvimento acreditavam que o resultado da Rodada Uruguai lhes tinha forçado a abrir seus mercados sem o correspondente acesso ao mercado de países desenvolvidos para poder escoar os próprios produtos. Ao final da Rodada, um grupo de países em desenvolvimento, o chamado G-20, liderado pelo Brasil e a Índia, atuou para conseguir que os países ricos abrissem seus mercados a produtos agrícolas. A Rodada chegou ao esgotamento em 2008.

Como os países membros da OMC não conseguiram chegar a um acordo sobre a liberalização comercial multilateral, os acordos comerciais bilaterais ou regionais, que já vinham crescendo bastante, tiveram um impulso adicional. Isso resultou numa situação na qual existe uma ampla gama de acordos preferenciais que valem somente às partes que concordaram em fazê-los. Como consequência, o renomado economista comercial Jagdish Bhagwati descreveu essa rede caótica de acordos preferenciais entrelaçados como um "prato de macarrão" (Bhagwati, 2008), referindo-se à situação desorganizada da governança comercial internacional. Os economistas comerciais discordam sobre como a proliferação de acordos comerciais fora do sistema multilateral deve ser vista. Alguns dizem que seja um meio para os países conseguirem se integrar na economia mundial sem precisar esperar a concretização dos demorados acordos multilaterais. Por outro lado, os críticos ressaltam como essa tendência dificulta a liberalização mais ampla da economia mundial, e que os acordos preferenciais não criam muito mais comércio, mas simplesmente desviam os fluxos para países que são partes dos mesmos acordos. Seja como for, o ressurgimento do nacionalismo econômico nos EUA com a eleição do presidente Donald Trump e a sua aversão contra muitos elementos do livre comércio, junto com tendências parecidas em outros países, têm criado uma situação difícil para o avanço do sistema comercial multilateral.

A mais recente tendência no processo de formação e acordos comerciais são os chamados acordos *megarregionais*. Referem-se às tentativas de integração entre grandes blocos econômicos, como o Acordo de Parceria Transatlântica de Comércio e Investimento (Transatlantic Trade and Investment Partnership – TTIP) entre os EUA e a União Europeia (UE), ou a Parceria Transpacífica (Transpacific Partnership – TPP) entre os EUA e uma série de economias na Ásia. Esses acordos se diferenciam não somente pela abrangência – por meio da inclusão de grande parte das economias globais –, mas também pela profundidade. O último aspecto está relacionado aos numerosos assuntos que esses acordos potencialmente impactam, como regulamentações ambientais, aspectos importantes de políticas públicas e direitos econômicos e sociais. Além disso, algumas propostas desses acordos implicam a criação de um tribunal no qual empresas poderiam processar Estados por lucro perdido em função de regulação introduzida em um país. Casos em que produtores de fumo processaram países pela introdução de legislação contra o tabaco ou pela criação de novas normas ambientais provocaram muito receio na sociedade civil europeia. Os grandes protestos contra o TTIP acabaram por resultar no seu abandono em 2016, abandono este que foi fortalecido após as eleições dos EUA naquele ano. A China também tem feito movimentos para o estabelecimento de acordos megarregionais, como, por exemplo, a Parceria Econômica Regional Abrangente (Regional Comprehensive Economic Partnership – RCEP), assinada em novembro de 2020. O RCEP será o maior bloco econômico mundial, abrangendo quase um terço da economia global. O governo chinês tem optado por propostas de acordos amplos, que abrangem muitos países. Eles, no entanto, não têm a mesma profundidade, o que também significa que o RCEP deixa de fora alguns dos elementos regulatórios que afetam as políticas internas dos países membros e não prevê cortes tarifários da mesma magnitude como a TPP. O trabalho da China em prol de RCEP converge com a estratégia da *Rota da Seda*, por meio da qual a China busca uma maior integração global através de investimentos em grandes projetos de infraestrutura, que por sua vez aumentariam a conectividade e os fluxos comerciais. Com a intensificação da rivalidade geopolítica entre os EUA e a China, será interessante observar em qual medida os esforços chineses para buscar uma maior integração nos mercados globais acabarão por criar uma divisão do mundo entre blocos comerciais girando em volta de cada um dos grandes poderes.

A ESTRUTURA DE PRODUÇÃO GLOBAL

A conversão dos produtos encontrados na natureza em bens e ferramentas é atividade comum desde que o ser humano existe. À medida que sociedades organizadas surgiam, artesãos se especializaram na elaboração de certos produtos, e em alguns lugares a produção de bens manufaturados foi outorgada como privilégio exclusivo de determinadas vilas e cidades. Desde a Primeira Revolução Industrial, a partir do século XVIII, as atividades produtivas ficaram cada vez mais concentradas em grandes fábricas, nas quais um número menor de trabalhadores – frequentemente sem capacitação técnica – conseguia produzir muito mais do que os artesãos que passaram a vida aprendendo e melhorando o seu ofício. A implementação do sistema de produção do taylorismo no começo do século XX acentuou esse processo. Nele, todos os passos na produção de um bem foram fragmentados, e cada trabalhador precisava realizar somente uma função, uma etapa; pregar um prego, polir uma superfície ou puxar uma alça, por exemplo. O trabalho repetitivo foi duro, e, nos termos de Karl Marx, serviu para "alienar" o trabalhador do produto de cuja fabricação ele fazia parte. Não obstante, esse modo de produção possibilitou a criação de mercadorias e riquezas nunca antes vistas.

Hoje, a maioria dos produtos que usamos no nosso dia a dia, como o despertador, o celular ou a nossa motocicleta, não pode ser produzida numa só fábrica, por maior que ela seja. A chamada *divisão do trabalho* significa que os componentes são manufaturados em uma ampla rede de produção, em que cada empresa ou fábrica especializa-se em fazer uma pequena parte do produto. Com o processo mais recente de globalização a partir das últimas décadas do século XX implicando grandes avanços nos transportes, nas comunicações e nos investimentos internacionais, essas redes de produção se estendem através de fronteiras nacionais, à medida que o mundo se transforma em uma grande fábrica. Como vimos na seção anterior, as barreiras tarifárias para a circulação de produtos e serviços têm sido diminuídas – e em muitos casos, desmanteladas para facilitar a participação dos países nas *cadeias de valor* globais. As *empresas multinacionais*, portanto, têm ampla margem para comprar os produtos de onde quiserem, ou para escolher situar a sua produção no país que mais lhes convém. Dependendo dos produtos e serviços que as empresas precisam, escolhem os lugares com os menores custos de produção ou com o acesso à maior quantidade de pessoal instruído e inovador.

As relações entre as empresas compradoras e fornecedoras nessas redes de produção variam muito de acordo com seu grau de integração (Gereffi et al., 2005). As relações menos intensas são as de um mercado no qual os produtos vendidos são altamente padronizados, e tanto os fornecedores quanto os compradores podem escolher parceiros comerciais sem que isso mude muito o resultado. Em outros casos, os fornecedores trabalham de acordo com padrões solicitados pelos compradores, porém, partindo do seu próprio modelo de produção. As relações entre empresas produtoras e compradoras também podem ser mais próximas, sobretudo em casos em que um produto altamente específico com características muito particulares é solicitado pelo comprador. Dessa forma, existem fortes e complexas interações entre essas partes. Também são comuns as relações de dependência, nas quais pequenas empresas precisam vender seus produtos para grandes compradores, que por sua vez monitoram e ditam as características exigidas dos bens produzidos. Por fim, quando se trata de relações de integração vertical, as empresas-mães exercem controle direto sobre os fornecedores que funcionam como seus subsidiários. É comum a dominação de empresas produtoras em indústrias caracterizadas por produtos com alto nível de tecnologia e conhecimento especializado embutidos. Por outro lado, produtores de bens mais simples e padronizados não costumam ter muito poder de mercado em relação aos compradores, que sempre podem optar por comprar de outros fornecedores. Como exemplo, empresas como Apple e Mercedes dominam os setores nos quais operam, porque oferecem um produto quase único de alta complexidade e valor. Por outro lado, o fabricante de talher de plástico ou de guarda-chuvas não tem muito poder de barganha em relação ao Carrefour ou Walmart, que sempre podem escolher fornecedores igualmente competitivos.

Devido ao fato de que os maiores ganhos econômicos – tanto pela empresa que produz quanto pela sociedade na qual essa empresa opera – costumam ser encontrados nos elos de maior complexidade da produção, muitos países têm promovido atividades que agregam valor aos produtos. Porém, isso constitui um processo complexo, que depende de muitos fatores, como a presença de capital, tecnologia e um arcabouço institucional que favoreça tais ambições. Muitos países em desenvolvimento encontraram uma forma de capturar valor por meio de processamento das suas *commodities* agrícolas ou minerais. Isso pode gerar algum lucro, mas essa estratégia ainda confronta um "teto", ou melhor, um ponto no qual a demanda do mercado mundial por *commodities* processados encontra um limite – não raramente por causa de políticas tarifárias que incentivam que essas atividades aconteçam dentro dos próprios países. Como exemplo, a União Europeia ainda mantém tarifas para o café torrado do Brasil, que, portanto, exporta café verde para o continente, onde o café é torrado, moído, e muitas vezes reexportado para outras regiões globais a um preço muito mais favorável.

Diferentes estudos focam nas *redes globais de produção* (*Global Production Networks*), vistas como as "funções, operações e transações interconectadas de empresas e instituições não empresariais, por meio das quais um produto ou serviço é distribuído e consumido" (Coe et al., 2004: 471). Essa perspectiva analisa todos os atores que fazem parte das redes de produção globais, como fornecedores, empresas subcontratadas, provedores de serviços e outros tipos de parceiros estratégicos. É importante lembrar que o ambiente institucional e geográfico no qual essas redes – ou parte delas – são inseridas também determinam como funcionam. Portanto, a legislação regional ou nacional, assim como as relações entre instituições públicas, empresas e outros atores sociais também, são elementos muito importantes em determinar como as redes de produção funcionam, como veremos também no capítulo seguinte. Enquanto muitas empresas operam no mercado global, a sua plataforma frequentemente é nacional. Isso significa que as estratégias políticas para pautar a participação de cada país na economia global são também muito relevantes em definir os desafios e as oportunidades das empresas daquele país. Seja por incentivo político ou por outros fatores históricos, alguns países, ou regiões, veem o crescimento de aglomerações de empresas que se especializam em um certo setor. Quando muitas empresas operam próximas umas das outras, sinergias positivas que elevam a qualidade e a competitividade do grupo como um todo podem ser geradas. A proximidade geográfica costuma ser muito importante nesse sentido, como a presença de pessoal especializado, uma ampla rede de fornecedores e a infraestrutura necessária.

A extensão das redes de produção globais cria oportunidades de trabalho para muitas pessoas, o que acaba estimulando a migração do campo para a cidade em vários países. Essa movimentação tem sido muito claramente vista na China, onde a maior onda de migração na história humana aconteceu quando a população rural veio às cidades para trabalhar durante as últimas décadas, como pode ser visto na Figura 1:

Figura 1 – População urbana em % da população total da China

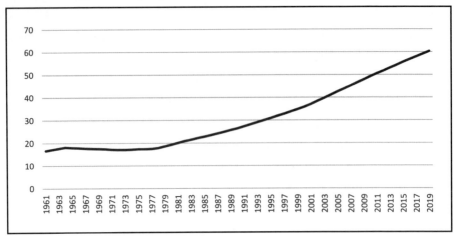

Fonte: Banco Mundial (2020).

Porém, mesmo que a globalização da produção tenha criado trabalho em vários países, muitos desses postos de trabalho oferecem baixos salários e, em muitos casos, um trabalho precário, sobretudo em nações que competem no preço dos seus produtos. Isso leva à chamada "corrida até o fundo", na qual os países competem para oferecer a mão de obra mais barata possível, a fim de atrair investimentos. Essa situação é normalmente associada a precárias condições de trabalho, insegurança e degradação ambiental. A competitividade baseada em mão de obra barata e poucas regulações do modo de produção pode trazer um capital inicial para um país ou região, porém, se esse influxo de recursos não é aproveitado para investimentos de longo prazo, como educação e infraestrutura, existe um risco de ficar preso nesse papel de "país de baixo custo". Assim, existe também a possibilidade de perder mercado à medida que outros fornecedores de mão de obra entram na estrutura produtiva global, passando a sofrer as consequências do abandono de investimento sem ter chegado ao ponto de criar seu próprio caminho de desenvolvimento.

Os abusos laborais e as transgressões ambientais têm chamado atenção também no mundo desenvolvido, onde movimentos da sociedade civil buscam pressionar as empresas nas cadeias setoriais, desde os produtores no Sul global até o vendedor no Norte. Uma tendência forte nesse sentido tem sido a de responsabilizar todos os participantes envolvidos em cadeias com problemas sociais e/ou ambientais. Dessa forma, o vendedor também se torna responsável pelas ações dos intermediários e dos produtores. Sobretudo desde o ano 2000, têm surgido uma ampla gama de rótulos, certificações e padrões que visam garantir a origem sustentável e socialmente justa dos produtos vendidos nos países ricos. A chamada *responsabilidade corporativa social* é ressaltada como uma via pela qual empresas podem evitar os riscos que a repercussão negativa de problemas relacionados às suas operações geraria, por meio do reconhecimento da sua responsabilidade social. De acordo com essa perspectiva, as empresas podem prevenir problemas desse tipo mudando suas práticas e garantindo que seus fornecedores adotem certos padrões de comportamento ético. As vozes críticas, porém, destacam que isso não será suficiente, e que a responsabilidade social corporativa em muitos casos é apenas uma cortina de fumaça para evitar atenção negativa. Ressaltam que o problema está na maneira como a economia global funciona, pelas pressões de concorrência e pela geração de lucros às quais empresas, países e indivíduos constantemente são sujeitados. Nessa ótica, se a atuação responsável tem custos econômicos, as empresas somente farão o mínimo necessário para poder se resguardar contra críticas. Fazer um balanço geral sobre a eficiência da iniciativa em prol de questões sociais e ambientais por parte de atores privados está fora do escopo deste capítulo. É inegável que ações privadas têm certo efeito em alguns casos, como, por exemplo, na criação da Moratória da Soja em 2006, que buscou diminuir o papel desse cultivo no desmatamento da Amazônia brasileira. Porém, sem engajamento do Estado nos países produtores para manter certos padrões sociais e ambientais, por mais bem-intencionados que sejam, o alcance das iniciativas privadas será sempre limitado.

AS PARTES E O MOTOR DA FUTURA ECONOMIA GLOBAL

Como vimos neste capítulo, as partes individuais do motor da economia global têm alguns traços próprios. Porém, acontecimentos em uma determinada esfera ainda afetam e são afetados pelos outros. Juntos, os diferentes sistemas acabam provocando uma economia global que é maior do que as suas partes individuais. Dessa forma, é interessante observar que o rumo de cada parte da economia global, seja ela monetária, financeira, comercial ou produtiva, é impactado pelas grandes transformações econômicas globais. Neste capítulo, tratamos das mudanças profundas que aconteceram como parte do surgimento e queda do sistema Bretton Woods, além de abordarmos o surgimento do mundo econômico que substituiu essa ordem global. Esses rumos da ordem global também são um dos grandes objetos de estudo dos analistas da economia política global, que tentam entender como economia, ideologia e instituições se encontram nesse processo para produzir o mundo que conhecemos hoje. Porém, como se verá mais adiante, a base política e econômica do *liberalismo enraizado* (Ruggie, 1982), na qual a ordem global das últimas décadas se baseia, tem sido claramente fragilizada desde 2016. A rivalidade geopolítica tem politizado e constrangido o fluxo de finanças internacionais, e um sistema financeiro paralelo surge para concorrer com as instituições existentes.

Os avanços do sistema comercial multilateral têm sido extremamente limitados desde o fim da Rodada Doha, e fortes tendências protecionistas surgem onde pouco tempo atrás não se esperava vê-las. Como consequência, as cadeias de produção globais também são impactadas. Além disso, o choque provocado pela pandemia global em 2020 mostrou a vulnerabilidade que a dependência da compra de produtos essenciais de outros países pode implicar. Portanto, podemos estar em uma situação na qual considerações baseadas em segurança nacional, ou simplesmente a aversão de riscos por parte das empresas multinacionais, farão com que elas tragam partes da produção "de volta" para os países onde são baseados – mesmo a custos mais altos. No momento de escrever este livro, muitos dos acontecimentos que parecem enfraquecer a ordem global econômica existente ainda são bastante recentes, como o Brexit, a presidência de Donald Trump (2017-2021) e a pandemia de covid-19. Porém, ainda veremos o impacto de outros fatores na ordem global, como o crescimento do nacionalismo populista em países desenvolvidos e em desenvolvimento, a alta da desigualdade interna dos países e a perda de credibilidade da ideologia neoliberal. Resta, então, ver qual, ou quais, sistemas econômicos irão substituir ou complementar o existente.

As variedades do capitalismo

UM CAPITALISMO DIVERSO

A queda do muro de Berlim em 1989 e, dois anos mais tarde, a desintegração da União Soviética, não somente marcou o fim da divisão do mundo em termos políticos, mas também resultou na prevalência de um único sistema econômico global – o capitalismo. Dez anos antes, em 1979, as reformas de Deng Xiaoping tinham pavimentado o caminho para a China gradativamente abraçar esse sistema econômico, embora com significativas ressalvas. Quando o cientista político Francis Fukuyama, em 1989, declarou "O Final da História", acreditava que a humanidade de fato tinha alcançado um ponto no qual as grandes disputas de debates ideológicos tinham chegado a uma conclusão que levara à clara e incontestada vitória do liberalismo político e econômico (Fukuyama, 1989). Em pouco tempo, ficou claro que Fukuyama errou na sua previsão, mas a queda do comunismo como sistema econômico que englobava grande parte do mundo, não obstante, tinha resultado numa situação na qual o capitalismo era a única linguagem da economia global.

Quando Fukuyama discorreu sobre o triunfo do liberalismo econômico, ele provavelmente pensava no espécime neoliberal, que tinha ganhado fôlego em muitas partes do mundo ao longo dos anos 1980, e que, portanto, promovia confiança como o caminho certo para um mundo economicamente aberto e próspero. É pouco provável que Fukuyama em 1989 teria imaginado as variadas formas que o capitalismo poderia assumir dependendo do contexto nacional no qual chegou a enraizar-se, muitas das quais resultaram em alto crescimento econômico sem necessariamente se adequar às prescrições do neoliberalismo econômico. Portanto, enquanto praticamente todo mundo tornou-se parte da economia capitalista mundial, o neoliberalismo ficou restrito a ondas que sucessivamente influenciaram as políticas econômicas de países desenvolvidos e em desenvolvimento, mas nunca chegou a se apresentar como alternativa única a ser seguida.

A ascendência global do capitalismo e as diversas expressões e modelos que dela nasceram chamam a atenção pelas variedades de "capitalismos" que na verdade sempre existiram dentro da ordem capitalista. À medida que a economia mundial se tornava cada vez mais interconectada na última metade do século XX, a diversidade de modelos no sistema capitalista global era cada vez mais evidente. De fato, os sistemas econômicos mais frequentemente associados com a versão "pura" do liberalismo econômico são as economias anglo-saxônicas, a partir dos anos 1980. A queda do comunismo e a globalização geraram um impulso por meio do qual a onda neoliberal serviu para proliferar elementos dessas economias no plano global. Mesmo assim, muitas economias desenvolvidas ainda optaram por enfrentar os desafios da integração dos mercados globais a partir dos seus próprios arranjos institucionais e produtivos, que no seu conjunto constituem o modelo da economia capitalista de um país. Da mesma maneira, muitos países em desenvolvimento rapidamente rejeitaram a plena incorporação das prescrições econômicas neoliberais e buscaram complementá-las com elementos baseados nas suas próprias experiências e valores sociais e econômicos. A imagem do capitalismo global de hoje, portanto, é a de um universo complexo e variado, composto de diversos arranjos econômicos nacionais, que tiveram de responder ao desafio de navegar numa economia global competitiva e dinâmica. O grau de sucesso que os países tiveram ao adaptar seu processo de desenvolvimento e superar os desafios difere muito, e é difícil apontar para uma "chave de sucesso" específica; os passos que funcionaram em um país podem muito facilmente não dar certo em outro, dadas as grandes diferenças entre contextos nacionais e momentos na história. É importante observar que os fatores que definem sucesso econômico frequentemente encontram-se fora do alcance direto dos Estados, e têm a ver com o modo de operação das suas empresas, com as relações econômicas sociais nas quais essas empresas são inseridas e os sistemas de treinamento, educação e inovação nacionais. Porém, isso não significa que os tomadores de decisão de alguns Estados não podem aprender observando os acertos e erros dos outros países, e refletir sobre como algumas experiências de sucesso podem trazer aprendizados sobre políticas semelhantes.

Uma perspectiva interessante para entender como diferentes países definiram seus modelos econômico-produtivos se dá a partir das diversas formas de capitalismos (Hall e Soskice, 2001). Tendo em vista que o mundo todo, de alguma forma, é capitalista, torna-se muito interessante conhecer as diversas expressões nos modos de funcionamento. Autores que tratam das variedades de capitalismo tendem a focar na empresa como unidade de análise e nas suas diferentes relações com outros atores econômicos e funcionamentos internos. Tratam também das diferentes instituições, regras e práticas que definem o funcionamento da produção no dia a dia e que, na perspectiva geral, determinam o processo de desenvolvimento e a inserção internacional de um país.

Mais especificamente, quem analisa as variedades de capitalismo tende a destacar quatro pilares fundamentais: 1) a *governança corporativa*, relacionada à maneira como uma empresa é gerida, quais são suas relações de propriedade e procedimentos decisórios internos e como obtêm financiamento; 2) as *relações interempresariais*, que são o modo como as empresas do mesmo ou diferentes setores interagem, as suas formas de organização e as práticas de cooperação no nível setorial; 3) as *relações industriais*, vistas como as relações entre os atores que definem o funcionamento do mercado de trabalho, como empresas, sindicatos e, em alguma medida, o Estado; 4) a estrutura de *educação, treinamento, pesquisa e desenvolvimento*, que faz referência ao sistema educacional público, o treinamento técnico vocacional realizado nas empresas, e a pesquisa pública e privada.

Esses quatro pilares naturalmente não representam todos os elementos das economias, mas juntos constituem um arranjo de instituições que conseguem explicar boa parte do desempenho econômico de um país. Em alguns casos, existe também uma forte complementaridade entre esses elementos, que depende muito do caráter do modelo de capitalismo em questão. Por exemplo, nas economias de mercado liberais, a concorrência e a busca por retornos econômicos rápidos moldam um mercado de trabalho flexível e uma estrutura empresarial voltada para esse fim. Ao contrário, em economias coordenadas de mercado as relações entre diferentes empresas e entre empresas e os seus funcionários são caracterizadas por cooperação e investimentos de longo prazo. Existem também países cujas economias se transformaram muito em pouco tempo, e que não são tão fáceis de encaixar nessas categorias, mas que demonstram traços que possibilitam pensar neles como modelos econômicos distintos. Neste capítulo, vamos analisar os casos de Estados Unidos, Alemanha, China e Coreia do Sul. Os dois primeiros demonstram modelos muito claros da economia liberal de mercado, no caso dos EUA, e da economia coordenada de mercado no caso da Alemanha. A China e a Coreia do Sul são casos interessantes de observar, que não cabem perfeitamente nos modelos antes mencionados. Contêm alguns traços deles, mas em outros sentidos se distinguem bastante. No capitalismo chinês, o Estado é um ator econômico bastante importante, enquanto na Coreia do Sul os chamados *Chaebols* constituem atores específicos do país, e em larga medida têm moldado o processo de desenvolvimento econômico.

A ECONOMIA DE MERCADO LIBERAL DOS ESTADOS UNIDOS

Sendo a maior economia do mundo, e com posição no centro do comércio e investimento global, os Estados Unidos são frequentemente vistos como o núcleo do sistema capitalista global. Isso muito provavelmente deve-se ao seu papel de liderança do mundo ocidental após a Segunda Guerra Mundial, embora o país venha ocupando o lugar da maior economia do mundo desde finais do século XIX. O lugar destacado na história do capitalismo global dos EUA pode muito facilmente levar a uma associação direta entre seu modelo econômico e a ideia de um "capitalismo puro". Esse pensamento pode obscurecer o fato de que seu sistema econômico constitui um entre muitos sistemas capitalistas em volta do mundo, que mudou muito nas últimas décadas.

Os EUA aproximam-se muito da tipologia da "Economia de Mercado Liberal" (EML). O pensamento que domina esse tipo de economia contém muitos traços centrais da teoria econômica liberal, que influenciou o mundo anglo-saxão nos últimos séculos. Por isso, países como Grã-Bretanha, Austrália, Nova Zelândia e Canadá também são considerados exemplos de EMLs. Pressupostos que fundamentam esse modelo econômico adotam uma visão dos indivíduos como sendo motivados pelo próprio bem-estar, e que o mercado constitui o melhor mecanismo para moldar o comportamento das pessoas e empresas para garantir que a maior quantidade de riqueza seja gerada. Nesse ponto de vista, a concorrência acarretará uma economia eficiente, na qual a justiça em termos de distribuição dos ganhos econômicos é alcançada por meio das recompensas aos indivíduos e empresas inovadoras e produtivas. As instituições e as leis dessas sociedades, portanto, seriam adaptadas para garantir uma ampla liberdade econômica, visando garantir que contratos sejam cumpridos e que a concorrência seja leal.

Um ponto central da economia de mercado liberal dos EUA é o modo como as empresas são governadas – a chamada governança corporativa. Aqui, uma fonte importante de financiamento costuma ser os mercados de ações, o que resulta em uma relação de certa distância entre acionistas e empresa, e uma expectativa frequente de que a empresa consiga gerar lucro a curto prazo. Gerentes empresariais operam de acordo com objetivos de garantir retornos aos acionistas e aumentar o valor das suas empresas, mesmo que isso implique a necessidade de cortes de custos de produção, tais como demissões e reestruturação da empresa. Nesse tipo de ambiente empresarial, existe uma forte dinâmica de fusões e aquisições entre empresas e uma frequente preocupação em manter uma alta valorização para evitar aquisição hostil. Como a diretoria da empresa em larga medida costuma ser composta de investidores financeiros que provavelmente não conhecem muito bem a companhia – ou talvez nem o seu ramo de negócio –, há uma tendência de enfatizar metas como faturamento, diminuição de custos operacionais e lucros. As relações entre a empresa e os seus funcionários e a sua comunidade local – os chamados *stakeholders* – são vistas como importantes apenas na medida em que possam influenciar na rentabilidade imediata da empresa, e normalmente não estão no topo da lista de prioridades. A ênfase tende a ser nos acionistas – os *shareholders* –, que sempre podem substituir a gestão da empresa caso julguem seu desempenho insuficiente. Para navegar num contexto de expectativas elevadas dos acionistas, e para poder tomar e executar decisões de maneira rápida e eficiente, há uma grande concentração do poder no diretor executivo, ou *Chief Executive Officer* (CEO*)*. Como os funcionários não costumam ter muita voz nas decisões corporativas, o diretor executivo tem ampla autonomia para perseguir as estratégias corporativas de competitividade e conquista de mercados. Esse modelo de governança corporativa baseia-se no pressuposto de que os mercados acionários fornecerão a melhor gestão para as empresas, e que a ameaça constante de aquisição hostil resultará em uma gestão eficiente. Nessa perspectiva, o mercado é visto como uma "mão invisível" benéfica que automaticamente seleciona as organizações mais eficientes por mérito do seu sucesso.

A relação entre trabalhadores e empregadores nos Estados Unidos também se distingue de muitos outros países desenvolvidos, sobretudo na Europa. Os interesses dos acionistas são sempre colocados acima daqueles dos outros *stakeholders,* por exemplo, os funcionários, que tendem a ser vistos como um custo a ser diminuído. Essa relação também é reforçada pela distância que existe entre os detentores das ações da empresa e quem trabalha lá no dia a dia. Esse tipo de relação industrial se fortaleceu nas últimas quatro décadas, à medida que o grau de organização sindical diminuiu de maneira drástica nos Estados Unidos, como fica evidente pela Figura 1 a seguir:

Figura 1 – Grau de densidade de organização sindical nos EUA em % da força de trabalho

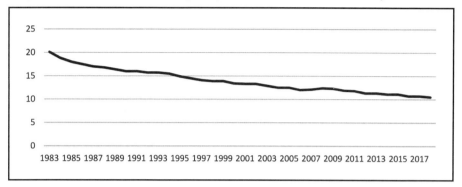

Fonte: U.S. Bureau of Labor Statistics (2020).

Com a queda de importância dos sindicatos nos EUA, a posição dos trabalhadores em relação à gerência das empresas se enfraqueceu, resultando na redução dos salários. Outra consequência dessa situação é a resistência em investir no treinamento de mão de obra e a diminuição da proteção trabalhista. Portanto, os países com arranjos institucionais de relações industriais que caracterizam as economias de mercado liberal, como os EUA, demonstram uma tendência de maior aumento da desigualdade nas décadas recentes.

As relações entre empresas nos Estados Unidos são geralmente marcadas por certa distância e por negócios e acordos que ocorrem dentro de um contexto caracterizado por concorrência e aderência estrita aos contratos assinados entre eles. De novo, existe uma forte convicção de que tais relações moldadas pelos mecanismos do mercado – em que cada um busca o maior nível de bem-estar individual – irão gerar o melhor resultado para a economia como um todo. Cabe ressaltar que, em muitos sentidos, as instituições do mercado têm se mostrado como um meio eficiente de gerar altos resultados em termos de produtividade e coordenação flexível entre as empresas. Portanto, os Estados Unidos são uma das economias mais produtivas do mundo, medida de acordo com o valor médio gerado por cada hora trabalhada.

Outro ponto central que caracteriza a relação entre empresas nos Estados Unidos é a concorrência para conseguir definir um padrão de produtos e serviços que posteriormente seja adotado de maneira geral no país, ou, em muitos casos, no mundo. Quando uma nova tecnologia e/ou padrão técnico é introduzido, existe a possibilidade de os chamados "efeitos de rede" fazerem com que uma parte significativa dos usuários adotem uma só plataforma, o que por sua vez é reforçado por essa aderência massiva, tornando-o praticamente a única opção existente. Os primeiros anos do Facebook nos dá um exemplo muito bom dessas dinâmicas, que podem gerar enormes lucros pelo inventor e/ou dono desse padrão. Enquanto em muitos países existem práticas em que as empresas coordenam qual será o padrão vigente, visando atender aos interesses do setor como um todo, nos EUA o costume é deixar as "corridas tecnológicas" acontecerem de maneira natural, estimulando cada ator privado a investir na esperança de poder recolher os altos lucros de quem chegar primeiro. Como os gastos de criar e manter uma plataforma tecnológica costumam ser fixos, não existem custos adicionais, por mais usuários que a adotem. Por isso, quando um produto ou plataforma tecnológica faz sucesso no plano global, não somente o faturamento, mas também as margens de lucro podem ser estratosféricos. A lista das empresas mais valiosas do mundo em 2020, inseridas na Tabela 1, mostra o grande sucesso global dos "criadores de padrões" no setor tecnológico dos EUA e da China:

Tabela 1: Capitalização de mercado das dez empresas mais valiosas do mundo em 2020

	Empresa	País	Setor	Capitalização de mercado (em bilhões de dólares)
1.	Saudi Arabian Oil	Arábia Saudita	Energia	1.741
2.	Apple	Estados Unidos	Tecnologia	1.568
3.	Microsoft	Estados Unidos	Tecnologia	1.505
4.	Amazon	Estados Unidos	Serviços de consumo	1.337
5.	Alphabet	Estados Unidos	Tecnologia	953
6.	Facebook	Estados Unidos	Tecnologia	629
7.	Tencent	China	Tecnologia	599
8.	Alibaba	China	Tecnologia	577
9.	Berkshire	Estados Unidos	Finanças	430
10.	Visa	Estados Unidos	Finanças	372

Fonte: PwC 2020.

As exigências de apresentar lucros substanciais para os acionistas em um curto horizonte temporal influenciam o modo de desenvolvimento de pesquisa das empresas nos Estados Unidos. Elas tendem a priorizar flexibilidade para poder colocar recursos e pessoas em novas e promissoras tecnologias e produtos. Com um grande mercado interno e uma alta mobilidade do seu capital, força de trabalho e conhecimento de algumas das melhores universidades do mundo, os EUA têm boas condições para acolher a inovação e as indústrias de alta tecnologia. Por causa dessa flexibilidade e versatilidade, as economias de mercado liberal, como a dos EUA, demonstram vantagens em relação ao que é conhecido como sistemas de *inovação radical*, considerando o foco em novos sistemas, produtos e processos. A existência de grandes volumes de *venture capital* (capital de risco) disposto a fazer grandes apostas em tecnologias potencialmente transformadoras, como ocorre no Vale do Silício na Califórnia, é um exemplo muito claro desse modelo de inovação. Por outro lado, quando os chamados *lucros schumpeterianos* diminuem, muitas empresas deixam outros atores a cargo de aperfeiçoar o produto, saindo do mercado. O conceito de *lucros schumpeterianos* se refere aos altos ganhos que podem ser obtidos inicialmente pelos primeiros atores econômicos a introduzirem uma nova tecnologia e/ou modelo de produção no mercado. Com o tempo e a proliferação geral desse padrão, esses lucros tendem a diminuir.

Esse modelo também demonstra alguns problemas em relação à qualificação de mão de obra, dado que as empresas focadas em geração de lucro de curto prazo preferem não investir no treinamento dos seus funcionários. Os próprios trabalhadores também costumam ser mais resilientes em se especializar muito num mercado de trabalho do qual podem facilmente ser demitidos e perder a função na qual tinham focado. Portanto, economias de mercado liberal criam incentivos para fomentar qualificações de natureza mais geral, que podem ser aplicadas em outras empresas. Isso aumenta a flexibilidade da força de trabalho, mas também leva a uma situação na qual os manufaturados enfrentam problemas em concorrer com países onde as empresas investem mais na estabilidade e na qualificação dos seus funcionários. Um breve olhar na indústria automobilística fornece uma boa ilustração: enquanto na Califórnia, a Tesla desenvolve os mais inovadores carros elétricos do mundo, a indústria focada no carro de motor de combustão interna nos estados industriais tradicionais do país está lutando para sobreviver à concorrência com carros alemães e coreanos.

A ECONOMIA COORDENADA DE MERCADO E O "CAPITALISMO DO RENO" ALEMÃO

No começo do pós-Guerra Fria, o liberalismo econômico, largamente associado às economias anglo-saxônicas como EUA, Grã-Bretanha, Canadá e Austrália, ganhou um forte impulso e, em muitos aspectos, apresentou-se como um modelo a ser seguido por outros países, desenvolvidos e em desenvolvimento. Não obstante, havia nações que tinham chegado a um alto patamar de bem-estar, produtividade e competitividade global sem necessariamente seguir esse caminho específico. A literatura sobre as variedades do capitalismo nasceu nesse contexto, com o intuito de mostrar que diferentes arranjos de instituições e relações institucionais entre empresas, atores estatais e outros grupos de *stakeholders* poderiam levar a índices de crescimento econômico igualmente altos. A Alemanha é o exemplo mais notório da chamada economia coordenada de mercado, que, em pontos muito centrais relacionados a governança corporativa, relações entre empresas, relações trabalhistas e sistemas de inovação, se diferem marcadamente das economias de mercado liberais. Isso reflete sobretudo em relações caracterizadas pela coordenação e cooperação entre os agentes econômicos, perspectivas de investimento de longo prazo e sistemas de inovação altamente especializados. Portanto, o modelo alemão – baseado na proximidade entre empresas e financiadores, nas relações industriais cooperativistas, nas práticas de coordenação entre empresas e nos fortes sistemas de capacitação e treinamento – é o chamado "capitalismo do Reno".

Um traço marcado do sistema de governança corporativa alemã é a próxima relação entre instituições financeiras e as empresas produtivas. Frequentemente, os financiadores são bancos locais com forte presença na comunidade da empresa. Isso possibilita relações de longo prazo e um profundo conhecimento mútuo entre as duas partes, além de facilitar também a criação de redes próximas para intercâmbio de informação e sobre as operações internas da empresa. Esse mecanismo a partir do qual a reputação é construída e a confiança alcançada cria, assim, a possibilidade de provisão de capital que não necessariamente depende de as empresas apresentarem altos lucros a curto prazo. Ao contrário das economias de mercado liberais que vimos anteriormente, essa forma de atuação estratégica entre empresas e o setor financeiro está voltada a projetos de longo prazo para o desenvolvimento de produtos e o aumento da produtividade.

O sistema de governança interna das empresas alemãs também tende a ser caracterizado por maior pluralidade de representação de interesses do que o sistema norte-americano, no qual as decisões são concentradas nas mãos do CEO. A diversificação na representação de interesses é refletida na presença formal dos funcionários na gerência, tanto no nível das fábricas como na sede da empresa. O processo de tomada de decisão é caracterizado pela busca de consenso entre a gestão, o corpo de funcionários, os representantes da comunidade local e os acionistas comprometidos a longo prazo com a empresa. Essa forma de governança corporativa das economias coordenadas de mercado também é conhecida como o modelo *stakeholder*, pois envolve múltiplos atores com alguma vinculação à empresa. Isso faz com que o poder não seja concentrado exclusivamente nos acionistas. Tal sistema, portanto, reflete a convicção de que a interação estratégica entre diferentes grupos dentro e fora da empresa também produzirá os melhores resultados para seu crescimento e estabilidade. O financiamento por meio de "capital paciente" voltado para o desenvolvimento de produtividade a longo prazo permite investimentos em funcionários especializados e em modelos produtivos. A pouca frequência da prática de aquisição hostil – quando outros atores tentam adquirir uma participação majoritária na empresa – também reforça as estratégias baseadas em longas perspectivas, porque tira a preocupação da gerência com a possibilidade de perder o controle repentinamente. Assim, o modelo de organização empresarial que leva em conta diversos atores e adota uma visão de longo prazo tem demonstrado grande potencial na área de produtos que se diferenciam pela alta qualidade em vez de preços baixos.

As relações entre as empresas nos setores produtivos da Alemanha refletem as mesmas dinâmicas de coordenação voltadas para a formação de consenso baseado em associações empresariais com filiação obrigatória. As câmaras setoriais também costumam manter diálogo próximo com atores estatais e atores gremiais no planejamento estratégico. A cooperação entre as empresas alemãs compreende áreas como o estabelecimento de padrões técnicos, educação e proliferação de tecnologia. A informação gerada pelas associações empresariais também constitui um recurso importante para informar sobre as políticas públicas relacionadas ao setor. Frequentemente, o setor público deixa parte do setor privado participar do estabelecimento de regras que até certa medida definem o ambiente para seu funcionamento. No conjunto, isso pode ser visto como um arranjo de coordenação "fora do mercado" que em larga medida visa à provisão e difusão de bens que as empresas poderão aproveitar de forma ampla, como treinamento vocacional, pesquisa e desenvolvimento e acesso à tecnologia.

Na área das relações industriais, nas economias coordenadas de mercado como a Alemanha, as interações entre empregadores e sindicatos acontecem por meio de barganhas que tendem a ser estáveis, porém, com moderados incrementos salariais acompanhando o aumento de produtividade. O alto grau de organização das empresas e dos sindicatos, portanto, pode agregar estabilidade ao mercado de trabalho, coordenar e distribuir os custos de treinamento de mão de obra, evitando práticas de contratação de funcionários recentemente formados por outras empresas. O último tem sido muito importante para garantir o incentivo das empresas em formar pessoal qualificado.

Mesmo representando interesses diferentes, em muitos aspectos, a gestão das empresas e os sindicatos têm atuado como parceiros. A cooperação entre as partes resulta na formação de pessoal especializado, o que lhes permite fabricar produtos de alto valor agregado e atender a nichos lucrativos de mercados globais. A mão de obra organizada e altamente especializada faz com que as empresas, hoje em dia, dependam da cooperação ativa dos funcionários para implementar suas estratégias de crescimento. Isso resulta num certo poder por parte dos sindicatos, que, por sua vez, buscam aumentar ainda mais a sua relevância e o seu caráter incontornável aos olhos da gestão. Na Alemanha há uma forte relação entre a força das organizações trabalhistas, o envolvimento delas como participantes ativas no planejamento da produção em diferentes níveis e o desempenho das empresas nos mercados globais. O investimento na qualificação, responsabilização e estabilidade da mão de obra é um traço muito central da economia coordenada de mercado. Comparando com o modelo liberal do Reino Unido, onde o poder dos sindicatos foi fortemente enfraquecido durante o governo de Margaret Thatcher nos anos 1980, na Alemanha diferentes setores empresariais buscaram manter legislação para garantir a força dos sindicatos, que já se apresentavam como importantes atores na evolução da força industrial do país. A proteção social, nessa perspectiva, torna-se não apenas uma questão distributiva, e tampouco pode ser vista estritamente como um custo adicional para a empresa. Ao contrário, a organização e especialização da mão de obra torna-se um pilar fundamental para garantir as vantagens competitivas alemãs nos mercados globais.

A forma de organização da empresa e os seus vínculos com as organizações trabalhistas também estão associados aos seus sistemas de inovação. Na Alemanha, os investimentos feitos em capacitação humana muito especializada em certos produtos e plataformas tecnológicas resultaram no aperfeiçoamento gradual dos profissionais para eventualmente se tornarem alguns dos melhores nos mercados mundiais. Esse tipo de desenvolvimento tecnológico é conhecido como *inovação incremental*, que, ao contrário da inovação radical, foca no desenvolvimento dentro de um padrão tecnológico específico. Como vimos anteriormente, essa especialização requer muitos investimentos em capacitação de pessoal por parte da empresa. Mas, por parte dos funcionários, também requer a certeza de que eles vão poder seguir desempenhando a função específica para a qual foram treinados e que, consequentemente, terão um certo grau de estabilidade no emprego e/ou proteção social. Ao contrário de países com modelos econômicos mais liberais, na Alemanha se desenvolveu um modelo de proteção social que funciona tanto para a manutenção dos empregos existentes quanto estabelece um modelo de seguro-desemprego. Um certo grau de proteção dos trabalhadores especializados é um componente central na aliança parcial entre empresa e trabalhadores no modelo alemão, o que tem também reflexos em sistemas públicos de proteção social. O sistema de financiamento de longo prazo que caracteriza a governança corporativa alemã cria boas condições para inovação dinâmica, focada nos processos de aprendizagem e aspectos de qualidade que possam diferenciar o produto daquele dos concorrentes por meio de programas de treinamento e educação dos funcionários.

Como vimos, na Alemanha surgiram formas de organização das indústrias que, no que se refere a aspectos fundamentais como governança corporativa, relações entre empresas e entre empresas e sindicatos e na área de inovação, diferem-se significativamente daqueles países centrais na economia global, como os EUA e Reino Unido. Os elementos fundamentais do sistema alemão se complementam e geraram uma das indústrias mais competitivas nos mercados globais por décadas. Demonstra, portanto, que existem diferentes maneiras para países se darem bem nos mercados mundiais, sem precisar seguir modelos baseados na premissa de que o mercado sempre fornecerá o melhor mecanismo para o crescimento econômico. Cabe mencionar que algumas das grandes empresas alemãs adotaram certos aspectos de gestão que contêm elementos mais tipicamente associados às economias de mercado liberal, sobretudo desde 2000. Tal fato gera muitos debates sobre se o modelo alemão terá o mesmo sucesso na primeira metade do século XXI, como teve na última metade do século XX. Não obstante, o fato de o chamado *mittelstand* – constituído por empresas médias e pequenas – ainda funcionar em alto vigor de acordo com os moldes da economia coordenada de mercado indica que a "receita alemã" de sucesso na economia global não foi descartada. Um assunto potencialmente mais complicado é sobre quais seriam as consequências que grandes mudanças nos sistemas técnicos e econômicos terão para um país especializado em inovação incremental. Voltando ao nosso exemplo da indústria automobilística, a transição energética para uma economia de baixo carbono provavelmente não deixará muito espaço para os carros de motor de combustão interna a gasolina, que fazem parte da espinha dorsal da economia alemã.

Por isso, a capacidade desse país de reorientar o seu sistema produtivo para novos tipos de carros e outros produtos na futura economia "verde" constituirá um importante teste para o modelo de capitalismo alemão.

CAPITALISMO "AO MODO CHINÊS"

O maior evento econômico no mundo ao longo das últimas décadas é provavelmente o crescimento da China. Mesmo com um regime político fortemente dominado pelo Partido Comunista, o país abraçou parte da economia de mercado, e conseguiu apresentar taxas de crescimento econômico sólidas sem precedentes históricos. Isso faz com que o país receba muita atenção por parte de estudiosos no mundo todo interessados em entender as causas dessa dinâmica da evolução. Mesmo que alguns aspectos saltem aos olhos, como o forte planejamento central, a abertura parcial para comércio e investimento internacional e o incentivo legal e cultural ao empreendedorismo, ainda é difícil falar de um modelo ou variedade distinta de capitalismo chinês. Isso se deve sobretudo à grande diversidade de empresas, arranjos institucionais, relações entre os atores econômicos do país, além da enorme velocidade com a qual as estruturas econômicas têm mudado ao longo dos anos. Não obstante, vale a pena ressaltar alguns aspectos que em larga medida definiram a governança corporativa, as interações entre empresas, as relações industriais e o sistema de educação e inovação chinês.

As empresas chinesas podem ser distinguidas pelas suas relações proprietárias. *Grosso modo*, é possível dividi-las em três categorias distintas: empresas estatais, empresas privadas e empresas híbridas. As *empresas estatais* têm um papel importante na economia chinesa. Nessa categoria encontram-se grandes organizações que atuam de maneira estratégica dentro de uma ampla gama de importantes setores econômicos, como energia, transportes, telecomunicações e construção. São caracterizadas por serem muito abundantes em capital e têm a vantagem de poder contar com financiamento de bancos públicos e conexões próximas com o nível político. Desde 2005, expandiram suas operações para diversas partes do mundo de maneira acelerada. O fato de serem controladas pelo Estado significa que, além de serem lucrativas, também é comum que operem de acordo com objetivos sociais e/ou políticos que não necessariamente estejam relacionados à criação de superávits de curto prazo. As *empresas privadas* também se tornaram cada vez mais importantes na economia chinesa nas últimas décadas. Elas representam a maior parte das empresas do país e empregam metade da força de trabalho. Costumam ser negócios familiares e respondem por boa parte do crescimento e dinamismo da economia chinesa desde que as reformas de Deng Xiaoping inauguraram uma era na qual "tornar-se rico é glorioso". As empresas privadas costumam manter relações próximas com autoridades políticas locais, o que pode ser importante para facilitar operações e investimentos. Até os anos 1990, houve uma maior separação entre o Partido Comunista – que detém o poder político na China – e o empresariado do país, mas, desde então, cada vez mais empresários são incorporados ao Partido. As *empresas híbridas* são compostas de uma mistura entre capital privado e público. Normalmente, comportam-se como empresas privadas, buscando lucro acima de qualquer outro objetivo. A mistura entre relações de propriedades públicas e privadas traz um caráter específico dessas empresas. O grupo de híbridos também abrange empresas estrangeiras que muitas vezes entraram no mercado chinês para aproveitar do seu enorme tamanho, procurando parceiros locais para facilitar as operações. A categoria de empresas híbridas compreende muitas empresas de tamanho médio na vanguarda do desenvolvimento tecnológico e altamente competitivas no plano global.

O financiamento das empresas chinesas provém, em larga medida, dos bancos públicos chineses e, em muito menor escala, dos mercados de ações. As baixas taxas de juros praticadas por esses bancos servem para impulsionar o crescimento da economia chinesa, e o controle dessas instituições também fornece grande poder decisório nas mãos do Estado sobre o rumo de desenvolvimento do país. O risco desse sistema é que as decisões baseadas em motivos de natureza política, em vez de preocupações financeiras, acabam resultando em muitos empréstimos "ruins", que os bancos dificilmente receberão de volta. A estrutura interna de muitas empresas chinesas tende a ser hierárquica e organizada em forma de pirâmide. Isso deixa pouco espaço para os subgerentes tomarem iniciativa, e a disciplina e o controle rígido caracterizam as estruturas organizacionais tanto de empresas públicas como privadas. Existem recompensas associadas ao desempenho da empresa, mas, no caso das estatais, o sucesso na gestão também pode ser um passo importante para os gestores crescerem dentro da hierarquia do Estado e, portanto, um fator essencial para propulsionar a carreira política. Isso pode ajudar a explicar por que cumprir com objetivos políticos costuma ser tão importante para essas organizações.

As relações entre as empresas chinesas também diferem muito de acordo com o setor no qual atuam. Em alguns setores, são marcadas por uma forte concorrência entre os atores econômicos, enquanto outros são controlados e dirigidos pelo Estado, o que costuma ser o caso de setores estratégicos. A forte presença de empresas estrangeiras também deixa a imagem do capitalismo chinês ainda mais complexa e nuançada. Após a abertura econômica do país, parcerias entre empresas chinesas e estrangeiras baseadas na transferência de tecnologia e *knowhow* foram bastante comuns para poder aproveitar desse extenso novo mercado de bens e a sua oferta de mão de obra barata. Essas parcerias foram até incentivadas pela legislação chinesa, que visava garantir a transferência tecnológica para o país. Porém, desde a aderência da China à OMC, a entrada de empresas com capital estrangeiro exclusivo é cada vez mais frequente. Parcerias entre empresas domésticas visando à proliferação de tecnologia são menos comuns. A grande diversidade da geografia econômica chinesa faz com que as relações entre as empresas variem muito no país. Portanto, na região costeira, onde foram estabelecidas as zonas de produção de bens para exportação, muitas empresas dependem de conhecimento e capital estrangeiro. Em outras regiões, porém, predominam as chamadas redes *guanxi*, baseadas em cooperação partindo de acordos e entendimentos informais entre uma grande variedade de pequenas empresas. Juntas, essas miríades de pequenas empresas conduzem à clara divisão de trabalho e a uma especialização em diferentes categorias de produtos, além de serviços em polos produtivos com vantagens provindas da aglomeração de fornecedores e produtores de categorias de bens específicos. Por fim, o tipo de desenvolvimento adotado na província de Chongqing, que por muito tempo foi associada ao seu altamente perfilado governador, Bo Xilai, era caracterizado pela forte presença do Estado como regulador e propulsor econômico. A mistura entre o Estado, a multitude de empresas privadas e a forte presença de importantes investidores estrangeiros deixa o terreno de relações interempresariais na China extremamente complexo e difícil de definir por meio de descrições simplificadas.

As relações industriais na China são bastante reguladas. Desde 2001, um arcabouço tripartite – o que se refere a negociações entre sindicatos, empregadores e o Estado – tem predominado. A Federação Pan-Chinesa de Sindicatos (ACFTU) representa grande parte dos trabalhadores chineses, mas internamente é muito fragmentada entre entidades nos níveis nacionais, regionais e municipais. Na prática, o sistema formal de representação sindical é claramente sujeito aos comandos do Partido Comunista Chinês, e falta capacidade de barganha independente por parte dos seus membros. Portanto, em muitos sentidos, os sindicatos existentes servem mais para atenuar e pacificar conflitos trabalhistas do que garantir os interesses dos seus membros. Assim, suas ações dependem do aval do Partido Comunista, o que em muitos aspectos cria um conflito de interesse pela proximidade entre o Partido e muitos setores empresariais, sendo que o governo ou oficiais individuais frequentemente são os donos das empresas. A falta de representação real por parte dos trabalhadores chineses não previne conflito laboral. Ao longo dos últimos anos, houve um grande número de conflitos trabalhistas, como é ilustrado na Figura 2 a seguir:

Figura 2 – Registros sobre o número de greves
e conflitos trabalhistas na China entre 2011-2020

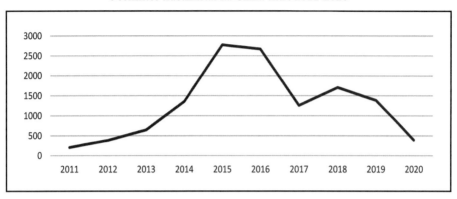

Fonte: China Labour Bulletin (2020).

Na área de desenvolvimento tecnológico e capacitação de pessoal, a China também demonstra uma grande diversidade entre suas diferentes províncias e indústrias. Os exemplos da província costal de Guangdong e a megacidade do interior Chongqing são ilustrativos: enquanto em Guangdong, investiu-se muito na inovação e implementação de alta tecnologia, Chongqing buscou uma estratégia de uso de mão de obra barata para conquistar mercados globais de manufaturas de pouco valor agregado. O sistema de treinamento de mão de obra na China tem enfrentado certos desafios que podem apresentar gargalos para o desenvolvimento econômico do país. Hoje, a China enfrenta falta de mão de obra qualificada, além de um descompasso entre a especialidade do pessoal formado e a demanda do mercado de trabalho. Isso é particularmente claro no que se refere a técnicos como engenheiros e trabalhadores manuais qualificados. No caso dos primeiros, uma esmagadora maioria não está qualificada ao nível de desempenhar funções em empresas multinacionais trabalhando com sistemas tecnológicos de ponta. No caso dos últimos, existe um desprezo cultural pelo trabalho manual que parece influenciar muito na falta de mão de obra qualificada e nos sistemas de treinamento vocacional. Parte desse problema é que o sistema educacional técnico chinês prioriza habilidades gerais mais do que qualificações especializadas.

Observando os pilares do sistema capitalista chinês, fica claro que é altamente diverso, e não constitui um modelo consolidado. Mesmo assim, considerando as taxas de crescimento desde 1978, isso não parece ter tido grandes reflexos no desenvolvimento econômico do país, que mais do que qualquer outra experiência global demonstra que existem diferentes caminhos para um país buscar uma inserção competitiva na economia global. Vale lembrar, porém, que o processo de saltar da categoria de países pobres para a categoria de renda média, onde a China encontra-se hoje em dia, é bem diferente de passar dessa categoria para a de um país desenvolvido. Nessa trajetória, a China enfrenta alguns desafios, dentre eles a reconfiguração do seu modelo de crescimento baseado na importação de tecnologia e exportação de manufaturas, para aumentar o nível de inovação doméstica, e basear-se mais no mercado interno como propulsor de crescimento. Além disso, a grande importância do sistema bancário estatal também tem resultado em muitos empréstimos ruins e num alto nível de endividamento empresarial. Por fim, vale a pena também considerar o cenário geopolítico e as futuras implicações da rivalidade entre os EUA e a China. Durante a presidência de Donald Trump, essa rivalidade ganhou consequências concretas nas áreas de comércio e investimento. Além disso, a incipiente bifurcação de certos setores da economia global em uma esfera chinesa e uma esfera dominada pelos EUA poderá afetar fortemente o desenvolvimento tecnológico, o acesso a insumos importantes e a reserva de mercado global às quais as exportações chinesas terão acesso.

CAPITALISMO DOS *CHAEBOLS* NA COREIA DO SUL

Na última metade do século XX, a Coreia do Sul passou por uma profunda transformação econômica, saindo de uma devastadora guerra contra o seu vizinho no norte para se inserir firmemente no grupo de países desenvolvidos. A economia sul-coreana por habitante representava em 1965 menos do que a metade do que a do Brasil: em 2018, era mais do que três vezes maior. Essa evolução desperta muita atenção internacional nas decisões e instituições que permitiram esse crescimento espetacular. A Coreia do Sul é, talvez, o exemplo mais icônico do Estado desenvolvimentista do

As variedades do capitalismo

século XX, focado em dar seguimento a um projeto nacional de desenvolvimento abrangente. Mesmo assim, o país tem passado ao mesmo tempo por transformações políticas, como a democratização (1987) e a abertura e liberalização econômica, o que significa que – como é o caso de muitos outros países em desenvolvimento – o modelo de capitalismo daquele país mudou bastante ao longo dos anos. Não obstante, vale a pena destacar alguns aspectos centrais da economia sul-coreana que demonstram que existem caminhos muito variados para o desenvolvimento de uma economia globalmente competitiva.

Um elemento central na economia da Coreia do Sul são os chamados *Chaebols,* grandes conglomerados industriais que respondem por boa parte do emprego, produção e exportação do país. Os *Chaebols,* que significam "família rica", são resultado do favorecimento e incentivo por parte do Estado sul-coreano a algumas empresas familiares. Por causa dessa política, eles conseguiram crescer de forma acelerada, incorporando diferentes ramos de empresas afiliadas em diversos setores industriais. Hoje em dia, alguns dos *Chaebols* são grandes nomes conhecidos, como Hyundai, Daewoo, Samsung e LG Corporation. Seu estilo de gestão se caracteriza por relações altamente hierárquicas e autoritárias, baseado em controle rígido de todos os elos da organização e a tomada de decisão centrada no topo da gestão. A relação próxima entre os *Chaebols* e o Estado resulta numa espécie de "redes de elites" que, em larga medida, definiram e coordenaram o processo de desenvolvimento econômico. Porém, mesmo sendo muito conectado com os desafios e necessidades do setor privado, o Estado sempre manteve uma distância e visão de longo prazo que lhe ajudaram a resistir a demandas imediatas por benefícios e concessões especiais das empresas – quando foi julgado que não iriam prover resultados substanciais pelo desenvolvimento do país (Evans, 1995). As medidas de apoio concedidas às empresas sul-coreanas foram definidas pelo Conselho Coreano de Desenvolvimento, que estimulou o crescimento de setores considerados estratégicos. O objetivo claro foi a evolução da estrutura empresarial baseada fortemente em mão de obra para se tornar intensiva em capital e, por fim, em tecnologia.

Os *Chaebols* aproveitaram financiamentos a taxas extremamente favoráveis concedidos por bancos públicos como parte da estratégia nacional de desenvolvimento, sobretudo entre 1960-1990. Em contrapartida, as empresas foram obrigadas a aumentar gradativamente suas exportações para o mercado global, para demonstrar que estavam tornando-se cada vez mais competitivas e eficientes. O papel do Estado como financiador desse processo tem sido importante no sentido de prover o mesmo tipo de "capital paciente", como vimos ser muito comum no caso da Alemanha. Quando quem financia uma empresa, sejam bancos públicos ou privados, confia nas decisões e nos planos da gestão, sem estar demasiado preocupado com retornos de curto prazo, possibilita que a empresa desenvolva estratégias de longo prazo e faça investimentos em máquinas e tecnologias que não necessariamente vão gerar lucros imediatos. Esse tipo de pressão não é muito eficaz em influenciar as decisões empresariais na Coreia do Sul. Ao longo dos anos 1980, se iniciou um processo de liberalização financeira, e o Estado gradativamente reduziu o seu papel como financiador. Mesmo assim, os *Chaebols* e a burocracia estatal ainda são muito entrelaçados, e é frequente a elite da administração pública assumir cargos em grandes empresas. Essas conexões significam que as empresas ainda podem se beneficiar de leis e decisões políticas favoráveis em muitos aspectos, o que mais recentemente resultou em muita indignação por parte do público em relação à intimidade entre essas duas esferas, o que frequentemente acaba em casos de corrupção.

Boa parte das relações entre empresas na Coreia do Sul encontra-se dentro dos *Chaebols* e, portanto, são mediadas pela empresa-mãe. Empresas com gestão familiar são bastante comuns, e o número delas aumentou nas últimas décadas. Como muitas grandes empresas são donas de filiais menores, a estrutura dos *Chaebols* pode se assemelhar à de uma pirâmide de diferentes organizações interconectadas. No topo da pirâmide, algumas associações setoriais abrangem vários grupos de empresas, porém, o papel delas em muitos sentidos limita-se à função de coordenação política geral. As relações entre as empresas sul-coreanas são caracterizadas, muitas vezes, por rivalidade e ausência de confiança e disposição para compartilhar recursos. A falta de importância das estruturas formais de representação empresarial é em alguma medida compensada pelas relações e redes de negócios informais. As famílias que controlam os *Chaebols*, portanto, cultivam contatos sociais próximos e são frequentemente ligados por laços familiares, o que pode facilitar entendimento, construção de confiança e algum tipo de cooperação. Em contextos institucionais caracterizados por baixa confiança combinados com a concentração de poder em poucos atores preponderantes, esse tipo de rede de elites pode servir para permitir algum grau de cooperação que não prosperaria sem esses mecanismos informais. Como o papel do Estado na tutela e coordenação do processo de desenvolvimento tem diminuído ao longo das décadas recentes, o poder de agência dos executivos dos *Chaebols* tem aumentado, ressaltando o significado deles como atores políticos no processo de desenvolvimento.

Durante o período de governos autoritários nos anos 1960-1970, o rápido crescimento foi muito baseado em mão de obra barata, o que levou a repressão de sindicatos e ao movimento trabalhista. Além disso, o tenso contexto geopolítico e a rivalidade com a Coreia do Norte resultaram na forte suspeita de que toda atividade poderia vir a ser associada com simpatizantes comunistas e ação contra o governo. Como resultado, o trabalho organizado foi excluído da aliança desenvolvimentista entre empresários e elites burocráticas. Assim, apesar de haver alguns benefícios concedidos aos trabalhadores, o crescimento dos salários abaixo da taxa de incremento da produtividade gerou um excedente que podia ser reinvestido no projeto de industrialização. No processo de democratização dos anos 1980, sindicatos tiveram mais liberdades de organização. O movimento trabalhista foi uma força importante na redemocratização e, ao longo dos anos 1990, a filiação aos sindicatos cresceu marcadamente, embora tenha decrescido a partir do novo milênio. Em 1998, a Coreia do Sul adotou um sistema tripartite (baseado em negociações entre as três partes: empresas, trabalhadores e governo) para mediar as relações trabalhistas, porém, tem se mostrado relativamente ineficiente, ao ponto de organizações sindicais saírem em 1999.

Na área de inovação e capacitação de pessoal, a Coreia do Sul carece de um sistema abrangente de treinamento vocacional. O trabalho manual sofre um estigma social, e as escolas técnicas que se dedicam a fomentar essa capacitação têm passado por um processo de declínio. O treinamento de mão de obra industrial acontece dentro das empresas, embora uma parte relativamente pequena dos trabalhadores costume participar de cursos de qualificação. As grandes empresas, não obstante, tendem a investir mais na formação de pessoal técnico. A falta de capacitação e treinamento vocacional é compensada na área da educação superior, na qual a Coreia do Sul tem investido muito desde os anos 1980, sobretudo nas áreas de ciências exatas e engenharia. Importantes escolas e centros de pesquisa nessas áreas foram estabelecidos, e posteriormente serviram como incubadoras e pontes para o intercâmbio tecnológico entre universidade e o setor privado. Nos anos 1980, o setor privado também começou a se engajar em pesquisa e desenvolvimento, muitas vezes em parcerias com o Estado. As escolas superiores públicas da Coreia do Sul fornecem uma educação de alta qualidade e respondem pela formação de pessoas que hoje ocupam posições centrais na academia, no meio empresarial e no governo sul-coreano. Dessa maneira, o intenso empenho estratégico em educação para o desenvolvimento econômico da Coreia do Sul resultou em uma massa de pessoal qualificado que tem permitido ao setor privado avançar rapidamente na corrida tecnológica global.

A Coreia do Sul está entre os poucos países que ao longo das últimas décadas conseguiu trilhar o caminho de transformação de país pobre para país desenvolvido. Dessa maneira, o país evitou a chamada "armadilha de renda média", que faz referência a um ponto no processo de desenvolvimento no qual um país já conseguiu reduzir a pobreza extrema e fomentar uma indústria pesada, mas ainda enfrenta dificuldades para desenvolver os aspectos mais avançados da economia que lhe permitiria entrar no "clube dos ricos".

Avaliando o arranjo institucional do capitalismo sul-coreano, fica evidente que ele mudou muito nas últimas décadas, e que a economia do país, portanto, tem se transformado bastante. A ideologia desenvolvimentista e o autoritarismo têm deixado espaço para a democracia e para uma mudança no sentido de economia de mercado. O alto e sustentado crescimento econômico do país gera muita reflexão sobre a possibilidade de se repetirem as experiências sul-coreanas em outros países. Mas, ao observar as instituições desse Estado desenvolvimentista, como o governo autoritário, a exclusão política dos sindicatos, a promíscua relação entre grandes empresas e o governo e a gestão hierárquica das suas empresas, poucos ficariam animados a repetir essas características do desenvolvimento sul-coreano. Porém, alguns aspectos, como a estrutura de financiamento de projetos de desenvolvimento com olhar a longo prazo, a autonomia da burocracia e os seus fortes incentivos para as empresas ganharem competitividade, e, sobretudo, seu excelente sistema de educação superior são provavelmente uma melhor inspiração para países que desejam subir a escada do desenvolvimento econômico.

CAPITALISMO VARIADO DO SÉCULO XXI

Qual o país mais bem-sucedido no sistema capitalista mundial? Como tantas outras questões que dizem respeito à economia política, a resposta a essa pergunta vai depender do que cada um escolhe enfatizar e valorizar: os Estados Unidos são há mais de um século a maior economia do mundo, líder em muitas áreas tecnológicas, com uma das rendas *per capita* mais altas mundo. Por outro lado, o país é extremamente desigual, grande parte da sua população está sujeita a grande instabilidade profissional e social, e o difícil acesso à educação superior e técnica faz o país perder competitividade global e enfrentar desindustrialização. A Alemanha possui uma das indústrias mais competitivas no mercado global, um sistema de proteção trabalhista relativamente forte e amplo acesso à educação e treinamento vocacional dentro das suas empresas, o que por sua vez reforça a renda dos seus trabalhadores e a qualidade da sua produção industrial. Por outro lado, algumas das suas empresas de maior porte se veem forçadas a adotar modelos mais próximos aos moldes da economia de mercado liberal, e ainda existem dúvidas sobre quanto a economia alemã – focada em inovação incremental – vai poder se adaptar aos desafios da transição energética global. Em diferentes momentos, a Coreia do Sul e a China conseguiram prolongadas e altíssimas taxas de crescimento baseadas em exportações e incremento da capacidade produtiva, o que fez com que milhões dos seus habitantes pudessem sair da condição de pobreza. Por outro lado, em larga medida esses "milagres econômicos" baseiam-se na opressão da classe trabalhadora e no dirigismo econômico dos seus governos autoritários. Enquanto a Coreia do Sul passou por um processo de democratização e liberalizou parte da sua economia, a China está sujeita a um regime opressivo e confronta desafios de taxas de desigualdade alarmantes. Além disso, ainda restam questões sobre se o Partido Comunista conseguirá dar continuidade ao alto crescimento econômico do qual o seu poder é dependente, e também sobre se a rivalidade geopolítica com os EUA terá um efeito na sua economia e acesso aos mercados globais. Portanto, avaliar o desempenho econômico de um país vai além de contar taxas de crescimento. É importante focar nas instituições econômicas que definem como a riqueza é gerada, quem se beneficia dela e qual a capacidade do país em responder aos desafios colocados pelas transformações globais. Prestar atenção às variações de capitalismos ajuda o estudante da economia política global a obter uma perspectiva de dentro para fora quando analisa as mudanças econômicas do mundo e auxilia ainda a entender melhor as "fichas nacionais" que compõem o jogo internacional.

A rivalidade geoeconômica entre os EUA e a China

UMA NOVA GUERRA FRIA?

Entre 1947 e 1991, o mundo estava dividido entre blocos rivais de países que orbitavam em volta dos chamados superpoderes da época, os EUA e a União Soviética. Apesar de nunca ter acontecido um confronto direto entre os dois países, o medo do apocalipse nuclear marcou uma geração. As divergências entre esses dois mundos tiveram uma forte dimensão ideológica, entre o Ocidente capitalista, predominantemente liberal-democrático, e os países orientais socialistas. O chamado então "terceiro mundo", composto de países em desenvolvimento, oscilava entre diferentes modos de alinhamentos com os dois blocos dominantes, e projetos que visavam definir os seus próprios caminhos políticos. É importante ressaltar que a clivagem daquela época não era somente política e militar, mas, sobretudo, econômica. Os países socialistas tiveram poucas interações econômicas com os países não socialistas. Como vimos no capítulo anterior, hoje praticamente todos os países do mundo adotaram alguns elementos do capitalismo. Naquela época, grande parte do mundo industrializado operou de acordo com um sistema econômico fundamentalmente diferente do capitalismo. Por muito tempo esse modelo socialista mostrou-se competitivo no plano geoeconômico e constituiu um grande atrativo para muitos países em desenvolvimento. Não obstante, fatores congênitos das economias socialistas, como a falta de dinâmicas empreendedoras, burocracia ineficiente e problemas de lidar com tecnologias de informação parecem ter contribuído para a queda do socialismo, embora seja arriscado apontar somente esses elementos como os mais centrais. Numa perspectiva ampla, é possível afirmar que, no plano econômico, a URSS e os EUA jogaram jogos completamente diferentes, tentando convencer o mundo que o jogo de cada um era o melhor. Atualmente, a China e os EUA jogam o mesmo jogo do capitalismo global, embora os dois discordem sobre as regras e prefiram seguir as suas próprias definições.

Observar as tensões cada vez mais fortes entre os EUA e China a partir de uma perspectiva econômica ajuda a entender essa rivalidade. Num primeiro momento, o acelerado desenvolvimento econômico da China foi o fator que demarcou o tabuleiro geopolítico no qual esses dois poderes jogarão nas próximas décadas. Independentemente da sua forma de governo, se a China não tivesse crescido a ponto de se tornar a segunda economia mundial (em termos de PIB nominal) em poucas décadas, é muito improvável que o país tivesse atraído tanto interesse por parte dos EUA. Isso nos remete à questão ideológica, que, comparada com a situação durante a Guerra Fria no final do século XX, tem agora menor importância. A própria trajetória da China nas últimas décadas pode ser entendida como um grande exercício de pragmatismo; a ideologia comunista foi se adaptando às necessidades de crescimento econômico. Se o modelo chinês está servindo para atrair outros países, não é pela ideologia comunista, mas pelos resultados econômicos. Da mesma maneira, os EUA hoje em dia parecem menos empolgados para se apresentar como o defensor do mundo democrático, parcialmente por causa da diminuição do ativismo na política externa norte-americana, e também pelo enfraquecimento das instituições democráticas do próprio país a partir do final dos anos 2010. Outro ponto importante de ressaltar é que a interconexão entre as três esferas – quais sejam, econômicas, tecnológicas e militares – é mais forte hoje do que antes. Como exemplo, mesmo que a China conseguisse mobilizar um exército de 10 milhões de soldados da sua vasta população, isso pouco importaria se o país não estivesse na fronteira tecnológica da corrida armamentista. Porém, mesmo avançada nessa corrida, seus aviões caças de quarta geração podem logo se tornar obsoletos confrontados com os furtivos e digitalmente avançados caças da quinta geração. Portanto, estar na fronteira tecnológica é indispensável para poder concorrer em termos estratégicos. Além disso, separar tecnologias de uso bélico daquelas voltadas para o uso civil está cada vez mais difícil. Por sua vez, tornar-se uma potência econômica requer altíssimos investimentos na formação de pessoal e em uma sofisticada estrutura de ciência e pesquisa. Por outro lado, manter um crescimento econômico que permita um país ultrapassar a antes mencionada armadilha de renda média, requer inovação tecnológica. Resumindo: a dimensão tecnológica/econômica da presente rivalidade entre os EUA e a China é de importância fundamental.

Por fim, é importante ter cautela sobre o uso do termo "Nova Guerra Fria". Não há parâmetros claros para definir tal conceito e, como veremos neste capítulo, existem várias diferenças importantes entre a rivalidade EUA e URSS do século XX, e a nova rivalidade entre a China e os EUA do século XXI. Mesmo que o termo "Nova Guerra Fria" seja interessante para vender manchetes no noticiário e atrair a atenção do público global, os estudiosos e observadores políticos devem ter cuidado para não contribuir desnecessariamente para tornar isso uma profecia autorrealizável. Vale lembrar que a Guerra Fria, embora não culminasse no pior desfecho, uma guerra mundial atômica, resultou em enorme sofrimento nos conflitos indiretamente relacionados a ela e criou divisões entre os povos no plano mundial que limitaram o potencial para resolver problemas globais comuns. Não obstante, é inegável que existam tensões com raízes profundas entre os dois grandes poderes do mundo contemporâneo, e que vão persistir, embora de formas variadas, nas próximas décadas. O trabalho dos estudantes e estudiosos das relações internacionais deve necessariamente estar voltado para entender essa situação tal como ela é. Se a rivalidade é inevitável, o foco deve estar em como mantê-la em um nível de tensão controlável e como garantir que, em paralelo à competição em algumas áreas, também seja possível haver cooperação em outras.

O CONTEXTO HISTÓRICO DO DECLÍNIO E DO RESSURGIMENTO DA CHINA

Quando a República Popular da China foi proclamada por Mao Tsé-tung em 1949, o gigante oriental tinha passado por um período prolongado de conflitos, com a invasão japonesa e a guerra civil entre comunistas e os nacionalistas do Kuomintang. Voltando mais na história chinesa, veem-se sucessivas dificuldades para o velho império, começando com as Guerras do Ópio, intervenção e colonização, o que deu origem ao termo "Século de Humilhação" para a China. É importante ressaltar que, numa perspectiva histórica, essa não era uma situação normal para o Império Celestial. Há séculos, a China ocupou o lugar de maior economia do mundo – posição que, de acordo com algumas estimativas, somente perderia para os EUA em 1890. Desde a unificação da China pelo Imperador Qin Shi Huang em 221 a.C., e durante quase todo o tempo desde então, as condições geográficas outorgaram para o país o *status* do Império preponderante na sua região. Isso implicou um sistema econômico e político no qual a China constituiu o núcleo incontestado, enquanto os povos e os Estados à sua volta concederam tributos para o imperador chinês, reconhecendo a sua superioridade (Fairbank e Têng, 1941). Por séculos, a China esteve nessa posição, isolada pelo mar no leste, pelas montanhas no sudoeste e pelas planícies infinitas no noroeste. Porém, com o avanço do comércio intercontinental, os transportes marítimos e a tecnologia bélica nos séculos XVIII e XIX, a situação mudou gradativamente. A primeira Guerra do Ópio, na qual uma Marinha britânica, tecnologicamente muito superior, impôs uma derrota esmagadora ao império chinês, é vista como o evento que inaugurou o declínio geopolítico e econômico da China.

No momento da Proclamação da República Popular, em 1949, a China tinha perdido a posição de maior economia do mundo e, apesar de seu imenso território e vasta população, passou a equivaler a uma minúscula fração da produção anual da nova superpotência mundial, os Estados Unidos. A grande rivalidade pelo poder mundial naquele momento e nas décadas posteriores seria entre os EUA e a União Soviética, em relação aos quais a China teve uma posição periférica e de pouco peso geopolítico. Apesar de compartilhar a ideologia marxista-leninista com a URSS, havia uma clara relação de desigualdade entre esses dois gigantes comunistas, com a China procurando assistência econômica e técnica dos soviéticos. Em viagem à URSS em 1949-1950, Mao Tsé-tung foi flagrantemente humilhado pelo líder soviético, Joseph Stalin, que o fez esperar durante semanas antes de atendê-lo. Quando a China entrou na Guerra da Coreia em outubro de 1950, as relações com a URSS, porém, se intensificaram. A China, portanto, pôde se beneficiar de importante apoio militar soviético, essencial para sustentar seu engajamento no conflito. Isso também colocou a China diretamente em confrontação com os EUA, devido ao seu apoio à facção nacionalista e anticomunista e em função da adversidade ideológica, embora, como vimos, ainda longe do patamar de rival.

Ao longo dos anos 1950, a URSS tornou-se uma importante fonte de ajuda e apoio técnico para a modernização da economia chinesa, e muitas fábricas foram estabelecidas com apoio soviético. A China também adotou o modelo de economia de planejamento central no seu processo de industrialização forçada. Aumentar a produção de grãos para alimentar a força de trabalho na indústria era objetivo central. Como parte do segundo plano quinquenal, "O Grande Salto Adiante", a agricultura chinesa passava por um processo de coletivização radical, e foi sujeita ao controle estatal. Também houve tentativas fracassadas de aumentar a produção de aço por meio da criação de ineficientes fornos artesanais. A pressão para os governantes locais dos partidos comunistas apresentarem aumentos agrícolas para alimentar a população urbana fez com que eles extraíssem excedentes que não existiam, com a consequência que a população rural passasse fome. O Grande Salto Adiante, portanto, foi um fracasso social e econômico. Algumas estimativas apontam para entre 20-40 milhões de mortes em decorrência da fome.

Em paralelo com o desastre doméstico provocado pelo Grande Salto Adiante, as relações com a União Soviética se deterioraram a ponto de surgirem pequenos conflitos armados na fronteira entre os dois Estados em 1969. Nesse contexto, Mao Tsé-tung optou pela radicalização ideológica. Na chamada Revolução Cultural, para além de indivíduos e grupos suspeitos de afinidade com o capitalismo ou cultura tradicional, qualquer elemento dentro e fora do Partido Comunista visto como elitista foi perseguido. Em consequência, intelectuais, altos burocratas e cientistas foram expurgados, o que contribuiu para o atraso tecnológico e econômico do país. Quando Mao Tsé-tung morreu, em 1976, a economia chinesa estava num patamar deprimente, inferior, em valores totais, até ao do Brasil daquele momento.

Assumindo o poder na China em 1978, Deng Xiaoping confrontava uma situação difícil. A quebra de relações com a URSS tinha deixado o país isolado e sem acesso àquela fonte importante de tecnologia, e as convulsões internas haviam enfraquecido a posição do Partido Comunista. As relações com os EUA, porém, melhoraram a partir da visita do então presidente norte-americano Richard Nixon em 1972. Agora, os dois países enfrentavam um inimigo em comum na União Soviética. A retirada de tropas dos EUA do Vietnã também acalmou o regime comunista chinês. Nesse contexto, Xiaoping buscou um caminho diferente para a transformação da economia e sociedade chinesa. Por um lado, a política de *Boluan Fanzheng* (eliminando o caos e retornando ao normal) visava corrigir os erros da Revolução Cultural e restaurar as suas vítimas. Na esfera econômica, a China buscaria reformas para abrir um certo espaço para o empreendedorismo e a proliferação de mecanismos de mercado. Dessa forma, a China abraçaria elementos do capitalismo para poder crescer dentro de um espaço político ainda fortemente controlado pelo Partido Comunista Chinês. Como vimos no capítulo anterior, isso levaria à peculiar combinação entre socialismo e capitalismo, também conhecido como "capitalismo ao modo chinês". De certa forma, esse passo foi consequência do reconhecimento de que as políticas econômicas até então tinham fracassado. A Singapura de Lee Kuan Yew, com o seu rápido crescimento econômico dentro de um modelo político parcialmente autoritário, foi vista como um exemplo a ser seguido pela República Popular da China. Esse movimento mostra um grau de renegociação da parte da ideologia comunista, o que fica evidente na famosa frase de Deng Xiaoping: "Não importa a cor do gato, o que importa é que ele sabe caçar ratos".

Em 1978, um programa político abrangendo as chamadas quatro modernizações – agricultura, indústria, forças armadas e ciência/pesquisa – foi iniciado. Como parte das reformas agrícolas, e ao contrário do que tinha acontecido durante o Grande Salto para Frente duas décadas antes, mais autonomia foi concedida aos agricultores para poderem vender parte da sua produção e, assim, se beneficiar do excedente que conseguissem produzir. Muitas terras também foram distribuídas em lotes individuais, substituindo as lavouras cultivadas de forma coletiva. As reformas agrícolas surtiram um grande efeito, e os excedentes produzidos puderam alimentar a força de trabalho nas cidades. Na área da indústria, um sistema duplo de preços foi instalado, permitindo que parte da produção acima das quotas oficiais fosse vendida a preço de mercado, enquanto no setor de serviços houve uma maior flexibilização de preços. Empresas privadas também foram permitidas, junto com novos sistemas de gestão de empresas estatais.

Importante aspecto do processo de reforma econômica da China foi a abertura que propiciou um significativo aumento da participação do país na economia mundial. A chamada política de "portas abertas" resultou no estabelecimento de zonas econômicas especiais nas regiões costeiras, onde um arcabouço regulatório favorável à expansão de negócios prevaleceu. Como exemplo, em 1990, a renda média per capita na China era 20 vezes menor se comparada à dos Estados Unidos. O nível extremamente deprimente dos salários chineses gerou uma vantagem competitiva, sobretudo nas indústrias intensivas em mão de obra e de baixa complexidade tecnológica. Isso provocou uma explosão de investimento estrangeiro na China dos anos 1990 em diante. Esses investimentos vieram de todos os países, na medida em que a China foi incorporada às cadeias de produção manufatureira da Ásia Oriental. Mesmo que, inicialmente, as atividades situadas na China estivessem marcadas por um nível tecnológico muito inferior ao das que caracterizam a indústria no Japão, Coreia do Sul e Taiwan, o rápido desenvolvimento provocado pela industrialização acelerada gerou taxas sustentadas de crescimento nunca visto na história. À medida que o país cresceu e se especializou em atividades manufatureiras, também começou a receber atividades industriais cada vez mais pesadas e de maior importância tecnológica. A China, portanto, tinha se tornado a "fábrica global", produzindo de tudo, desde camisetas, sapatos, canetas, até micro-ondas, computadores, celulares, carros, navios etc. Empresários de todo o mundo viam grandes benefícios em estabelecer sua produção na China por causa da força de trabalho abundante e barata. Isso intensificou a concorrência global na produção de bens, o que por sua vez acabou atraindo cada vez mais indústrias a instaurarem a sua produção naquele país, para não perder vantagem competitiva. A própria crescente demanda interna também tornou a China um grande atrativo para empresas estrangeiras que queriam aproveitar desse mercado promissor para vender os seus produtos, e muitos acabaram se estabelecendo no país com o olho no consumidor local. A partir do momento da sua entrada na Organização Mundial de Comércio, em 2001, esses processos se intensificaram por conta das condições favoráveis no mercado global obtidas pela China. Assim, a rápida integração do país na economia mundial teve grandes efeitos em outros, o que também foi o caso da maior economia global: os Estados Unidos.

A "CHIMERICA" INTERDEPENDENTE

À medida que a China participava cada vez mais da economia mundial, seu comércio com os Estados Unidos ganhou uma dimensão muito significativa. Como a China procurava principalmente aumentar seus volumes de manufaturas exportadas, o grande mercado interno dos Estados Unidos era um forte atrativo. Por sua vez, os consumidores norte-americanos tiveram acesso a produtos extremamente baratos, o que aumentava o poder de compra da população, principalmente os amplos segmentos de classe média baixa e pobres. Como pode ser visto na Figura 1 a seguir, os fluxos comerciais entre os EUA e China aumentaram de maneira explosiva a partir do novo milênio, porém, com os valores de exportações chinesas ultrapassando em muito as importações dos EUA:

Figura 1 – Fluxos comerciais entre os EUA e a China em milhares de dólares

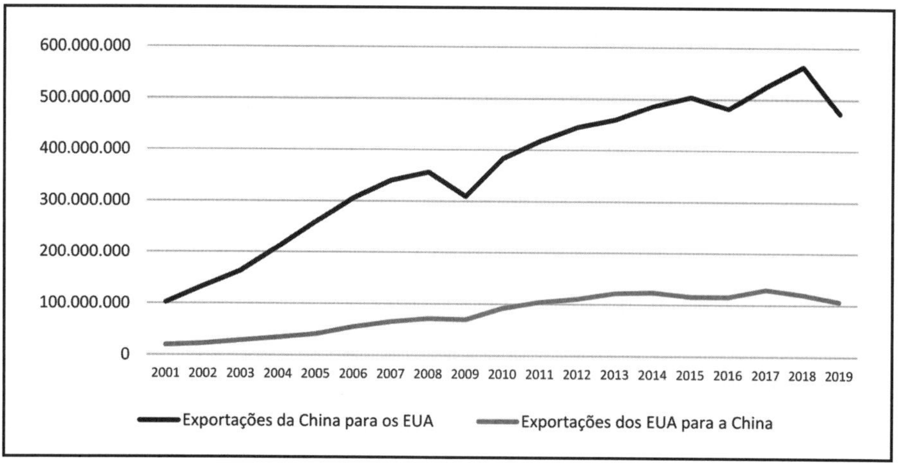

Fonte: ICT (2020).

O novo "casamento econômico" entre a China e os EUA pode ser visto através do conceito de interdependência (Keohane e Nye, 1977). Uma relação interdependente surge quando as partes dependem uma da outra. Isso pode tanto ser no sentido de se aproveitar de algum benefício conseguido mutuamente, como para evitar prejuízos que afetariam as duas partes. A interdependência implica tanto sensibilidade como vulnerabilidade. A sensibilidade refere-se aos efeitos sentidos por uma parte quando a outra muda de comportamento ou é afetada por algum acontecimento significativo. A sensibilidade, porém, é temporária e pode ser atenuada com uma mudança de comportamento, como buscar um novo parceiro comercial que possa fornecer os mesmos produtos ao mesmo preço. Vulnerabilidade, por outro lado, refere-se a uma situação de interdependência na qual as duas partes não possuem alternativas fora do que conseguem por meio da relação. A forte interação econômica que juntou os EUA com a China a partir do novo século expressa esse tipo de interdependência profunda. Dito de outro modo:

a China precisava vender seus produtos para os EUA, que por sua vez não conseguiria adquirir de outros parceiros comerciais os volumes importados aos valores favoráveis que a China fornecia.

A formação de fortes laços através do Oceano Pacífico resultou no surgimento de uma relação simbiótica entre esses dois países, denominada "Chimerica" (Ferguson e Schularick, 2007). Vista como um espaço econômico único, existe uma complementaridade entre os seus dois lados. A economia mais avançada dos EUA mostrou grande apetite pelas manufaturas chinesas, o que resultou nos grandes fluxos de dólares para a China. Esse volume de dinheiro levou a aumentos gradativos de salários naquele país, ou foram reinvestidos na indústria. Além disso, as autoridades chinesas também fizeram grandes compras de dólares para evitar a valorização da moeda chinesa. Com uma moeda barata, a China conseguiria manter a sua competitividade global, mas o alto estoque de dólares também serviu para evitar crises financeiras, como a que tinha atingido outras economias da Ásia Oriental no final dos anos 1990. Mais importante, muitos desses dólares fizeram o caminho de volta para os EUA, em forma de empréstimos chineses aos americanos, sobretudo ao Estado, por meio de títulos do governo dos EUA. O grande montante disponível de dólares – como costuma ser o caso de qualquer mercadoria que está a ampla oferta – depreciou o preço do dinheiro, ou seja, as taxas de juros. Isso resultou numa situação incomum, na qual a entrada da China na economia mundial dinamizou de forma a elevar os preços e os retornos dos ativos, como empresas, ações, imobiliária, *commodities* e até bens específicos como ouro e vinhos finos. Normalmente, uma alta do preço dos ativos seria acompanhada a uma alta do preço do dinheiro – a taxa de juros. Porém, como vimos, a grande poupança feita pelos chineses serviu para diminuir as taxas de juros, tanto nos EUA como no plano mundial. A situação criada pela combinação de dinheiro barato e forte alta do preço dos ativos gerou um grande incentivo para gerar empréstimos baratos e adquirir bens; tanto por parte das empresas, para investir, como por parte de consumidores de muitos países desenvolvidos, que frequentemente se endividaram para comprar a sua primeira, segunda ou terceira casa. Muitos outros fatores contribuíram para a crise financeira de 2007-08, mas o dinheiro barato da China, que em larga medida alimentou a especulação imobiliária, parece ter sido destaque entre eles.

Visto de uma perspectiva histórica, a relação econômica entre a China e os EUA compartilha algumas semelhanças aparentes com a situação que marcava as interações entre, por um lado, os EUA, e por outro, Japão e Alemanha Ocidental na Guerra Fria. No período no qual vigorava o sistema Bretton Woods, esses dois países então recentemente devastados pela Segunda Guerra fizeram superávits comerciais com os EUA. Como vimos, quando o sistema foi extinto, foram forçados a valorizar sua moeda para equilibrar a relação comercial com os EUA. Por um tempo, algumas vozes críticas ressaltaram os efeitos negativos para os EUA decorrentes da alegada subvalorização sistemática da moeda chinesa. Porém, até 2015 esse panorama mudou, a ponto de o Fundo Monetário Internacional afirmar que não havia mais uma situação de subvalorização do yuan. A crise financeira de 2007-08 também tinha mudado o panorama de alto crescimento nos EUA baseado em dinheiro chinês, e a queda do mercado imobiliário e empobrecimento de grandes partes da classe média norte-americana colocou um fim na alta desenfreada dos preços globais de ativos. Não obstante, a parte comercial da Chimerica continuava crescendo, como vimos na Figura 1 deste capítulo, com seguidas altas das exportações chinesas para os EUA entre 2010-2015. Numa situação pós-crise, na qual muitos americanos tinham perdido o seu trabalho, sobretudo no setor manufatureiro, e com tensões geopolíticas acirradas entre os EUA e a China, os grandes superávits comerciais chineses atraíram mais atenção negativa, o que se tornaria plenamente evidente com a eleição de Donald Trump, em 2016.

A CHINA GLOBAL E AS TENSÕES ACIRRADAS COM OS ESTADOS UNIDOS

As visões que prevalecem nos textos acadêmicos sobre o papel da China no sistema internacional variam muito de acordo com as perspectivas teóricas aplicadas. Portanto, autores que tendem a aderir às teorias liberais demonstram uma crença de que a China gradativamente seria cooptada na ordem econômica e institucional criada pelo Ocidente, até agora, dominada pelos Estados Unidos (Ikenberry, 2011). Por outro lado, autores realistas veem como inevitável um certo grau de conflito entre o superpoder existente e o superpoder em ascensão (Mearsheimer, 2014). Por muito tempo, as previsões liberais tiveram forte aderência, mas a partir dos anos 2010, e sobretudo na última parte da década, as previsões mais sombrias dos realistas parecem ter ganhado mais fôlego. Enquanto discussões sobre as grandes perspectivas prevalecentes sobre as relações internacionais escapam do escopo deste livro, é importante tê-las em mente na análise do lado econômico dessa rivalidade. No entanto, é possível afirmar que algo aconteceu na década de 2010 que fundamentalmente mudou a relação entre os Estados Unidos e a China e inaugurou o que no momento da elaboração deste livro em 2020 parece assumir as costuras de uma Nova Guerra Fria, embora com características bem diferentes daquela vivida entre os EUA e a URSS entre 1947-1991. Da mesma maneira que vários fatores políticos podem ajudar a explicar a escalada de tensões, como o estilo assertivo do presidente Xi Jinping e, mais tarde Donald Trump, a disputa no mar do sul da China, a espionagem industrial, ou a repressão do dissenso em Hong Kong, não há nenhum acontecimento ou fato político que sozinho explica o começo da nova rivalidade. Igualmente, a guerra comercial iniciada por Donald Trump em 2018, motivada pelo alto déficit comercial dos EUA com a China, deve ser vista mais como um efeito da intensificada rivalidade econômica, do que como a sua causa.

Já durante a presidência de Barack Obama, houve fortes queixas de setores da comunidade empresarial sobre o que consideravam práticas desleais de concorrência chinesas. Vozes ressaltaram que o comportamento da China infringiu as regras da OMC, sobretudo em relação à propriedade intelectual, o apoio estatal às empresas chinesas e o tratamento coercitivo em relação às empresas estrangeiras que operam na China. A chamada coalizão *Country First* (País Primeiro) foi formada por empresários e trabalhadores norte-americanos que se opuseram ao comércio livre e irrestrito, e defendiam políticas industriais. Outras organizações, como Coalition for a Prosperous America (CPA) e Alliance for American Manufacturing (AAM), também emergiram no final dos anos 2000 com foco em problemas considerados decorrentes do surgimento da China e as suas práticas comerciais. Portanto, é importante lembrar que forças significativas já estavam em movimento nos Estados Unidos para confrontar a ascensão econômica da China desde a primeira parte dos anos 2010. Quando o presidente Donald Trump iniciou a guerra comercial com tarifas contra painéis solares e máquinas de lavar roupas chinesas em janeiro de 2018, acabou por capitalizar essas forças e deixou que ganhassem uma clara expressão na política externa econômica dos EUA. À medida que a lista de produtos chineses sujeitos a elevadas tarifas cresceu, sobretudo em 2018-2019, materializaram-se as consequências diretas da retórica e as sinalizações políticas que haviam marcado a relação entre os EUA e a China nos anos anteriores. Para presidentes populistas e nacionalistas como Donald Trump, sinalização política clara, e frequentemente, dramatizada, tem um alto valor. A imposição de tarifas constituiu uma maneira bastante concreta de mostrar que iria cumprir as promessas de "jogar duro" contra a China. Sob uma perspectiva econômica, essa abordagem pode ter custado caro aos Estados Unidos, não somente por causa da retaliação que produtos dos EUA sofreram no mercado chinês, mas também como consequência das perdas de produtos baratos importados entre empresas e consumidores dos EUA, além da disrupção de cadeias de produção e incerteza generalizada que a guerra comercial gerou. Essa disputa também mostra como a interdependência econômica pode ser usada como arma, para privar adversários de benefícios econômicos dos quais dependem. No caso da China, ela perdeu um grau de acesso ao valioso mercado norte-americano, porém, em consequência, os EUA também tiveram perdas econômicas. A guerra comercial, porém, demonstrou que os EUA, ao contrário da lógica que prevaleceu desde o fim da Guerra Fria, estiveram dispostos a incorrer em perdas econômicas para obter resultados estratégicos maiores – por mais malconcebida que a aplicação da estratégia protecionista tenha sido. Isso não aconteceu sem custos, e vários grupos de multinacionais com operações na China ou que dependiam de importar os seus produtos opuseram-se fortemente a esse caminho. Porém, enquanto estes últimos provavelmente teriam tido a palavra final em anos anteriores, os advogados de restrições comerciais contra a China foram favorecidos pelo presidente Trump.

A questão sobre até que ponto a crescente produção industrial da China tenha causado um processo de desindustrialização nos Estados Unidos é central para entender a postura crítica à China entre muitos constituintes norte-americanos. Desde os anos 1970, os Estados Unidos perderam mais do que 7 milhões empregos no setor manufatureiro, e o abandono de antigos polos industriais, como a cidade de Detroit, é testemunha desse declínio e suas consequências sociais. As repercussões sociais também ficaram evidentes com o voto em Donald Trump em 2016 de estados tradicionalmente democratas, como Pensilvânia, Michigan e Wisconsin. Em que medida a China é culpada pela desindustrialização é mais incerto. Como vimos antes, o sistema educacional e de treinamento profissional dos Estados Unidos demonstra grandes falhas na formação de pessoal qualificado, e o processo de automação industrial com o uso crescente de robôs também parece ser um aspecto inegável para explicar a queda de emprego manufatureiro. Em 2011, quando o presidente Barack Obama esteve num jantar com o CEO da Apple, Steve Jobs, perguntou-lhe o que seria necessário para a Apple produzir o iPhone nos Estados Unidos. Steve Jobs foi breve e franco na sua resposta: "Essas vagas de trabalho não retornarão".

O receio entre grupos domésticos norte-americanos contra a China também é baseado em alegações de que os chineses aproveitam da alocação de vantagens no mercado doméstico para suas próprias empresas. Esses benefícios, frequentemente constituídos por meio de monopólios domésticos, criariam uma posição privilegiada que distorceria a concorrência internacional em favor de "campeões nacionais" chineses. Um exemplo disso seria o setor de energia solar, no qual o preço das placas solares caiu 80% entre 2008-2013, derrubando, assim, concorrentes no mercado global. Como vimos em partes anteriores deste livro, essas estratégias de internacionalização industrial não são inteiramente novas, e foram praticadas tanto pelos casos de sucesso asiáticos, como a Coreia do Sul, quanto por outros países hoje desenvolvidos durante o processo da sua ascensão industrial, como ressalta

Ha-Joon Chang (2002). Porém, tanto pela extensão com a qual a China tem aplicado táticas neomercantilistas, como pela assertividade com a qual isso aconteceu, é provável que a China tenha cultivado essas práticas até um ponto nunca visto. Com aval estatal, empresas chinesas sistematicamente violam regras de propriedade intelectual por meio de diferentes instrumentos, como engenharia reversa ou espionagem cibernética. Outra tática aplicada é a obrigação de transferência tecnológica por parte de empresas estrangeiras como precondição para ter acesso ao mercado chinês. Mesmo que valiosos segredos industriais sejam perdidos dessa forma, as perspectivas de perder acesso ao enorme mercado chinês são frequentemente motivação para passar por cima de qualquer outra preocupação. Empresas que se negam a expor a sua propriedade intelectual ou que verbalizam seu descontentamento a respeito, muitas vezes, encontram repentinas barreiras para operar na China, o que faz com que muitos prefiram não se manifestar. Como essas práticas se encaixam numa estratégia de *catch up* industrial chinesa voltada para superar o atraso tecnológico com relação às economias ocidentais mais desenvolvidas, as associações de fabricantes dos EUA clamam por uma estratégia industrial com características "norte-americanas".

Essas questões todas criam um grau de incerteza sobre o futuro dos investimentos dos EUA na China. Restrições por parte da administração dos EUA para a entrada das mercadorias produzidas na China afetam fortemente as decisões de instituir a produção naquele país. O presidente Donald Trump foi sempre muito contundente na sua crítica a empresas norte-americanas que alocaram sua produção na China em vez de produzir nos EUA, como a General Motors. Possíveis medidas por parte de Washington de restringir investimentos dos EUA que possam implicar a perda ou transferência de tecnologia com uso dual para fins civis e militares também poderão ter efeito significativo. Além disso, como a pandemia de covid-19 demonstrou, os ganhos de eficiência econômica associados à localização da produção de itens imprescindíveis para a segurança e saúde nacional, como medicamentos e equipamentos médicos, sempre vêm acompanhados por perdas de resiliência quando crises repentinas ameaçam as cadeias produtivas globais. A pandemia, portanto, pode ter acelerado processos de *reshoring*, implicando a volta da produção manufatureira aos EUA e outros países, estimulada pelo apoio estatal e baseada em considerações estratégicas.

Os pontos contenciosos na rivalidade entre a China e os Estados Unidos também se estenderam ao investimento chinês em outros países. A combinação entre os grandes volumes de reservas de dólares acumulados pela China nas últimas décadas, o foco estratégico em assegurar acesso a recursos naturais e o objetivo de internacionalização das suas empresas levou o país a investir volumes cada vez maiores no estrangeiro. A chamada *Go Out Policy* (a política de saída) foi iniciada em 1999 com o intuito de integrar as empresas chinesas no mercado internacional, visando ao aumento de qualidade e conhecimento técnico de ponta delas. As crescentes aquisições chinesas, porém, nem sempre aconteceram de maneira incontestada. A tentativa fracassada da China National Offshore Oil Corporation (CNOOC) de comprar a petroleira norte-americana Unocal, em 2005, se tornou um exemplo de como considerações de segurança energética nacional provocaram intervenções estatais que infringiram o funcionamento do livre mercado. O receio político que as perspectivas de compra dessa petroleira relativamente insignificante provocou nos EUA levou o Congresso deste país a agir diretamente contra os planos da CNOOC, o que finalmente a fez retirar a proposta de compra. Pesava fortemente nesse movimento o medo de que a aquisição dessa empresa, vista como "ativo estratégico", prejudicasse o acesso dos EUA a fontes energéticas, centrais para o funcionamento da sua economia. A Unocal foi adquirida, então, por um preço menor pela petroleira norte-americana Chevron. Se a venda da empresa de fato teria algum impacto na segurança energética dos EUA fica como uma pergunta em aberto. Não obstante, é indiscutível que a China vê o investimento internacional em setores de matérias-primas – e sobretudo no setor de energia – como um caminho para garantir o acesso a esses recursos. Essas decisões não podem ser dissociadas de considerações estratégicas, porém é muito provável que devam ser vistas também como ações de defesa, diante da possibilidade de os EUA cortar o acesso chinês a recursos essenciais numa eventual situação de tensões acentuadas entre os dois países. Também pode ser questionado se este tipo de consideração é de fato uma característica da China, dado que políticas semelhantes são adotadas por muitos outros países.

O caso da Unocal, porém, foi um presságio do que viria acontecer ao longo dos anos 2010, quando o contexto geral das relações entre a China e os EUA se agravou. A postura dos EUA ficou mais confrontadora perante as compras chinesas do que eram considerados ativos estratégicos, abrangendo não somente empresas no setor energético, mas também empresas no setor de tecnologia, sobretudo aquelas que dominam as chamadas tecnologias de uso dual para fins civis e militares. Uma lei do Congresso norte-americano de 2019 também proibiu compras públicas de determinadas empresas chinesas. Além disso, o governo dos EUA tem sido cada vez mais crítico às alegadas consequências negativas dos investimentos chineses em certos países em desenvolvimento, como empréstimos predatórios, o uso de mão de obra chinesa e a falta de aderência a padrões internacionais de direitos humanos e ambientais. Esforços dos EUA têm sido focados na criação de alternativas aos grandes projetos de investimento estrangeiros chineses, sobretudo na Rota de Seda. Não obstante, tem sido difícil concorrer com os grandes volumes de dinheiro investido pela China no mundo em desenvolvimento, onde esses recursos frequentemente são muito bem-vindos e onde as capacidades chinesas na execução de grandes projetos de infraestrutura complementam as necessidades dos países parceiros.

A CORRIDA TECNOLÓGICA

A Guerra Fria entre os EUA e União Soviética foi fortemente marcada por uma corrida tecnológica, cujos aspectos estavam relacionados à rivalidade militar. O resultado foram grandes investimentos públicos em diversas áreas de pesquisa e desenvolvimento. De maneira semelhante, a rivalidade cada vez mais intensa entre os EUA e a China também é caracterizada por uma corrida tecnológica, que inclui significativos aspectos militares. Porém, diferentemente da situação que o mundo viveu na última parte do século XX, hoje, a corrida tecnológica entre as duas potências mundiais envolve uma disputa pela dominação dos mercados globais. Os seus aspectos militares e econômicos são, portanto, intrinsecamente interligados.

Como vimos anteriormente, a China adotou como um dos objetivos prioritários das suas políticas industrial e comercial a busca da superação do atraso tecnológico com relação aos EUA. A estratégia chinesa é seguir um caminho partindo da duplicação simples de produtos existentes, passando para a adaptação criativa de tecnologias existentes. O próximo passo será aprimorar sistemas tecnológicos existentes, e o último passo, a inovação radical – como vimos no capítulo anterior –, que trata da invenção de plataformas tecnológicas fundamentalmente inovadoras. Num primeiro momento desse processo, ter a capacidade de absorver tecnologias é importante. Isso se refere à presença de pessoal suficiente com as capacidades técnicas adequadas para manejar as tecnologias em questão. Em seguida, torna-se cada vez mais relevante a capacidade inovadora, que por sua vez se refere à habilidade de conduzir pesquisa e desenvolvimento, o que depende de recursos econômicos e institucionais para apoiar os esforços de incorporar esse novo conhecimento. Como estava longe da chamada fronteira tecnológica, a China inicialmente focou muito em desenvolver sua capacidade de absorver as tecnologias dos países desenvolvidos. Porém, à medida que o país se aproximou das tecnologias de ponta durante os anos 2010, sua capacidade de inovar e encontrar soluções próprias ficou cada vez maior. Nos Estados Unidos, as preocupações com o desenvolvimento tecnológico chinês têm aumentado muito. O país asiático, poucas décadas atrás, estava muito longe da fronteira tecnológica e não constituía nenhum risco para a supremacia dos EUA nessa área. Mas agora as políticas industriais da China apresentam significativos resultados, e o crescimento da capacidade tecnológica chinesa constitui uma tendência paralela ao rápido desenvolvimento econômico do país. Esses dois fenômenos estão tão interconectados que é impossível dissociar o aumento das capacidades econômicas e tecnológicas, dado que elas se reforçam uma à outra.

A peça-chave das aspirações chinesas para alcançar a fronteira tecnológica é a estratégia *Made in China 2025*, que visa à materialização do avanço chinês desde o ponto de ser um centro manufatureiro para se tornar um poder global de indústria de alta tecnologia. O plano inspirou-se em uma iniciativa semelhante à da Alemanha, a chamada "Indústria 4.0". Esse termo refere-se a um novo estágio tecnológico da indústria, que é caracterizado por avanços simultâneos em áreas relacionadas à inteligência artificial, nanotecnologia, *machine learning*, biotecnologia etc. A dominação de plataformas e sistemas tecnológicos nessas áreas é o foco dos esforços chineses, especificados por meio de dez setores industriais: a tecnologia de informação, maquinaria automatizada, equipamento aeroespacial, equipamento de engenharia marítima, equipamento ferroviário, veículos de baixo uso de energia, equipamento elétrico, novos materiais, biomedicina e equipamento médico, e maquinaria agrícola. O plano está estruturado de acordo com três fases: uma entre 2015-2025, na qual a China busca se consolidar entre poderes manufatureiros globais; entre 2026-2035, na qual esses avanços serão aprofundados; e um período entre 2036-2049, concluído com a ascensão da posição como líder manufatureiro global.

O plano *Made in China 2025* tem sido motivo de preocupações dos EUA, sobretudo por causa do forte engajamento estatal chinês em alcançar os objetivos estabelecidos. A percebida ameaça contra a posição de liderança econômica dos Estados Unidos se acentua pelas táticas oficiais chinesas como espionagem cibernética, violações de direitos de propriedade e transferência tecnológica compulsória por parte de empresas estrangeiras. Essa perspectiva é compartilhada por muitos grupos domésticos nos Estados Unidos, e tem contribuído para uma mudança de opinião sobre a China, que passa a ser vista como uma ameaça, em vez de uma oportunidade de negócios. É muito difícil avaliar em qual medida a estratégia chinesa se difere das aplicadas por outros países. Porém, é relevante observar a queda de confiança nos mecanismos de livre mercado por parte de grandes segmentos empresariais dos EUA. Seja por apoio desleal do Estado chinês às suas empresas ou simplesmente pela perda de competitividade do empresariado norte-americano, a inclinação pelo nacionalismo econômico que se tornou evidente no caso da Unocal parece ter ganhado um forte momento nos EUA.

A rivalidade econômica e tecnológica entre os Estados Unidos e a China tem, em muitos aspectos, passado por um processo de *securitização* (Wæver,

117

1993), o que se refere à atribuição de relevância em termos de segurança a esses assuntos. Algo que muito claramente reflete isso é o caso da internet 5G. Huawei é o segundo maior produtor mundial de equipamento de telecomunicações e constitui um caso de uma empresa chinesa que já conseguiu ultrapassar seus concorrentes globais na tecnologia 5G. É considerada fundamental para a infraestrutura futura, pois estará presente em uma ampla gama de aparelhos, desde *smartphones* e refrigeradores até usinas elétricas e refinarias de petróleo, mas as implicações de falhas de segurança e vulnerabilidade a infiltrações nas redes 5G são potencialmente grandes. Por isso, os EUA não somente baniram Huawei do seu próprio mercado por medo de uma "porta traseira" digital que comprometeria a segurança da rede, como também têm trabalhado ativamente contra as operações globais da Huawei, exercendo grande pressão contra os países que cogitaram usá-la.

A internet 5G é uma entre várias tecnologias consideradas de uso dual – civil e militar –, como é o caso também de plataformas de informação, tecnologia de redes sociais, computadores avançados e sistemas de reconhecimento facial. Nessas áreas, a China fez progressos acelerados ao longo dos anos 2010. Porém, em outras, o país asiático ainda se encontra atrasado em relação à tecnologia norte-americana. É o caso, por exemplo, dos aviões de caças, uma área na qual o modelo chinês mais moderno, o Chengdu J-20, está dez anos atrás do norte-americano F-22 Raptor, além de ser notadamente inferior. É importante ressaltar que hoje a capacidade de fazer avanços tecnológicos não depende somente do acesso às tecnologias de ponta, mas também da capacidade de absorvê-las (Gilli e Gilli, 2019), como vimos na seção anterior. Portanto, mesmo que um país possua o projeto de uma arma, construí-la com sucesso depende de um ecossistema de inovação e pessoal tecnicamente capacitado, que consiga implementar as variadas soluções tecnológicas. Isso requer um longo processo de aprendizagem, que em larga medida depende do conhecimento prático "embutido nas equipes técnicas". A China tem enfrentado esse problema em relação a caças, o que também ficou evidente na dificuldade de produzir uma versão chinesa funcional a partir do modelo russo Sukhoi. Em outras áreas, porém, como mísseis balísticos e tecnologia naval, a China fez grandes progressos, e está engajada num ambicioso programa de construção naval. Isso demonstra que boa parte da indústria de defesa chinesa têm progredido do ponto de imitação e absorção para inovação em sistemas próprios.

HAVERÁ ESPAÇO PARA DOIS?

Muito além de um fenômeno da conjuntura global, a rivalidade entre a China e os EUA é relacionada a translocações geoeconômicas que contêm um caráter estrutural. Dito de maneira mais simples: a competição entre os dois países tem raízes profundas, o que significa que veio para ficar. Por ser elemento central na ordem global do começo do século XXI, os aspectos econômicos dessa relação bilateral são tratados neste livro sobre economia política global. Enquanto pronunciamentos de chefes de Estado e notícias sobre ilhas fortificadas no mar do sul da China chamam a atenção do público global, são as mudanças lentas, porém pesadas na esfera econômica, que preparam o tabuleiro da ordem global no qual esses dois países jogarão. O ressurgimento da China é, sem dúvida, o evento econômico mais importante das últimas décadas, e estamos somente começando a entender as variadas implicações disso. A intensificação cada vez maior da competição não é completamente inevitável. Mesmo durante a Guerra Fria havia períodos de maiores e menores tensões entre os EUA e a URSS. Porém, foram sempre os dois superpoderes que definiram os contornos gerais da ordem global. Da mesma maneira, os vários Estados pequenos e médios enfrentaram pressões para se posicionarem diante dos "dois grandes" do século XXI.

Se é que é possível falar de uma nova Guerra Fria do século XXI, não há nenhuma dúvida de que ela será diferente daquela da última parte do século XX. Isso se deve em larga medida ao fato de que os novos superpoderes, apesar dos seus movimentos de separação, estão muito mais interconectados economicamente do que a URSS e os EUA nunca estiveram. A China é parte central do capitalismo contemporâneo, e é impossível pensar numa economia global na qual ela não terá protagonismo. Cada vez mais vozes nos EUA têm argumentado sobre a necessidade de "desacoplamento" (*decoupling*), que implicaria o desmantelamento consequente das relações de interdependência econômica com a China. Porém, mesmo que isso aconteça parcialmente, a China já se internacionalizou – um caminho do qual não há como voltar. Sendo os dois atores mais importantes na economia mundial, as ações de um necessariamente terão efeito, direto ou indireto, no outro.

Por muito tempo, havia uma esperança por parte do Ocidente de que a China seria incorporada na ordem econômica e institucional mundial como "ator responsável". Em 2020, fica cada vez mais evidente que isso não aconteceu a partir das premissas colocadas pelos guardiões existentes da ordem global. Não obstante, a China se engajou com as instituições existentes, e quando julgou necessário criou suas próprias instituições como parte de uma ordem paralela (Stuenkel, 2016). Em que medida veremos uma ordem econômica mundial bifurcada, porém, ainda internamente integrada, fica como uma das grandes perguntas a serem respondidas pelos tempos vindouros. A China tem demonstrado muita paciência na sua ascensão econômica e política global. As diferentes fases nessa ascensão, desde a ideia de ganhar tempo e manter a discrição (Deng Xiaoping), até a busca de uma "ascensão pacífica" (Hu Jintao), e, finalmente, a realização do "Sonho Chinês" (Xi Jinping), podem ser vistas como partes de uma grande estratégia adaptada às diferentes condições enfrentadas pelo país em circunstâncias internacionais diferentes e à própria transformação do seu poder econômico e político. À medida que a China obtém maior peso econômico, suas ambições de influenciar e redefinir a ordem global ficam cada vez mais evidentes. Como os EUA vão reagir, e se haverá espaço para duas visões econômicas, sociais e ideológicos distintas sobre o ordenamento global, vai certamente definir o mundo do século XXI.

Conclusão

DESAFIOS PARA A ORDEM ECONÔMICA GLOBAL

Em 1982, o estudioso das relações internacionais John Ruggie introduziu em um ensaio famoso na revista *International Organization* o conceito de "liberalismo enraizado", que se referia à lógica de governança global que vigorava durante o período Bretton Woods, do fim da Segunda Guerra Mundial até os anos 1970. Naquele período, predominavam os princípios liberais baseados numa ordem global aberta, marcada pela cooperação em torno de questões econômicas. Ao mesmo tempo, havia certo espaço para o gerenciamento autônomo por parte dos Estados individuais das suas políticas econômicas. Como vimos, organizações como o Banco Mundial, o Fundo Monetário Internacional e o GATT funcionavam para apoiar a cooperação econômica internacional e estabilizar o sistema. Com esse pano de fundo, houve grande crescimento, tanto em países desenvolvidos quanto em boa parte do mundo em desenvolvimento. As empresas e outros atores privados tinham uma importante margem para operar, porém, dentro de um espaço regulado pelos Estados – individualmente ou em conjunto. Havia, portanto, um equilíbrio entre Estado e mercados, que em muitos países significou um crescimento econômico beneficiando segmentos amplos da população. Porém, com o enfraquecimento do sistema Bretton Woods no começo dos anos 1970, essa situação gradativamente mudou. O fim da estabilidade cambial fez com que muitos países se tornassem mais vulneráveis às flutuações da sua moeda. Em paralelo, o desmantelamento dos sistemas de controle cambial fez com que o capital pudesse mudar muito rapidamente através de fronteiras nacionais. Junto com a subida drástica da inflação em muitas grandes economias globais, houve grande dificuldade no uso da política monetária para estimular a atividade econômica. Além disso, avanços em transportes e telecomunicações facilitaram o deslocamento da produção para países com menores salários, impostos mais baratos e pouca regulação trabalhista. Portanto, o incremento da facilidade do dinheiro e mercadorias se deslocou através de fronteiras nacionais e alavancou as empresas frente aos governos e constituintes nacionais; se estivessem descontentes com as condições para operar dentro de um país, muitos poderiam simplesmente mudar suas operações para outros países.

Esse conjunto de fatores, muitos relacionados ao processo de globalização econômica, modificou as relações entre Estado e mercados e inaugurou um período frequentemente caracterizado como a época neoliberal. A transformação do liberalismo enraizado para o neoliberalismo constituiu uma mudança profunda na ordem econômica global. Nesse tempo, muitas empresas se internacionalizaram, e as estruturas produtivas e os sistemas financeiros foram muito proximamente interconectados no plano global. Alguns países em desenvolvimento conseguiram se beneficiar da inserção na estrutura produtiva global, e assim saíram de uma situação de pobreza. Outros não tiveram a mesma sorte, e as promessas de rápida modernização e crescimento econômico baseado em investimento estrangeiro e liberalização econômica nunca se materializaram. No mundo desenvolvido, o presidente dos Estados Unidos, Ronald Reagan, e a primeira-ministra da

Grã-Bretanha, Margaret Thatcher, se tornaram símbolos da virada neoliberal. Essa mudança, não obstante, foi tão profunda que não pode ser associada com governos específicos. É importante relembrar que muitas das transformações econômicas liberais foram implementadas por governos de centro-esquerda, como os de François Mitterrand na França, Tony Blair na Grã-Bretanha e Gerhard Schröder na Alemanha. Portanto, pode-se dizer que o neoliberalismo implicou uma maneira diferente de enxergar a economia política, se comparado com épocas anteriores. De certa forma, o crescimento econômico e as considerações relacionadas a ele obtiveram primazia, de maneira que até investimentos sociais passaram a ser legitimados como necessários para a economia nacional de longo prazo. Poder-se-ia dizer que o interesse nacional tinha chegado ao ponto de estar intimamente ligado ao aumento da competitividade econômica dos países. No plano doméstico, os modelos econômicos neoliberais geraram um forte impulso para empresas internacionalmente competitivas, enquanto as que tiveram dificuldades de concorrer tiveram problemas, e muitas vezes fecharam. Esses modelos também se mostraram mais propensos ao aumento da desigualdade doméstica. Portanto, os declínios históricos da desigualdade após a Segunda Guerra Mundial foram revertidos a partir dos anos 1980. Desde então, a metade mais pobre da população dos EUA não teve nenhum crescimento da sua renda real, enquanto o 1% mais rico pôde constatar aumentos exponenciais da sua riqueza (Piketty, 2014). As grandes convulsões sociais vividas nos países ricos até o final dos anos 2010 sem dúvida têm a ver com esses fatos, embora talvez não possam ser exclusivamente atribuídas a eles. Mas algo mudou. Quando um presidente dos EUA abraça o protecionismo comercial de maneira flagrante, e quando a Comissão Europeia destaca a necessidade de "autonomia estratégica" como componente para perseguir políticas industriais e trazer de volta setores estratégicos, há sinais de que o liberalismo de livre mercado está sendo questionado nas próprias regiões onde foi concebido. Para além disso, há cada vez mais indicações de que a fé na liberalização abrangente como meio para alcançar os objetivos nacionais e possibilitar as aspirações dos seus cidadãos está fundamentalmente enfraquecida. As variadas crises do sistema financeiro internacional, que em 2008 levaram governos a entregarem pacotes de resgate bilionários a esse setor, considerado "grande demais para falir", atingiram em cheio a confiança dos cidadãos em muitos países. Em 2020, quando a crise de covid-19 estrangulou as cadeias de fornecimento globais, surgiam também muitas vozes ressaltando que não valia a pena depender de produção de itens essenciais do outro lado do mundo só para o consumidor pagar uns centavos a menos. O agravamento da crise climática também apresenta um desafio contemporâneo que a iniciativa privada isoladamente terá dificuldade de resolver. A canalização dos esforços coletivos por meio do engajamento do Estado nesse desafio parece indispensável, o que leva à necessidade de sujeitar os mercados à maior regulação com fins ambientais. Por fim, a nova rivalidade entre os EUA e a China também constitui um enorme desafio para a ordem mundial baseada no livre mercado tal como ela se apresentou entre 1980-2020. Essa ordem apoiada na "hiperglobalização" (Rodrik, 2011) requer um grau de consenso sobre um conjunto de regras comuns, baseado em princípios liberais. Porém, quando as duas maiores economias globais priorizam interesses estratégicos acima das regras existentes, as próprias regras e sua ordem podem muito bem ir por água abaixo. Resumindo essas considerações: podemos perfeitamente estar indo no sentido de uma ordem global pós-neoliberal.

A seguir, faremos uma breve reflexão sobre os traços gerais dessas tendências de transformação com as quais nos deparamos. Tomamos o nosso ponto de partida nas temáticas tratadas em cada capítulo deste livro para destacar as transformações em curso dentro da economia política global. Nesse sentido, o nosso intuito é também mostrar como assuntos, conceitos e fatos revisados ao longo do livro podem servir para fazer sentido no mundo de hoje e de amanhã.

Voltando às vertentes de ideias sobre a economia política que tratamos no capítulo "O motor da economia global": elas nos fornecem uma série de ferramentas conceituais para entender e avaliar a economia política contemporânea. Alguns dos dilemas tratados pelos próprios pensadores liberais são muito relevantes nesse sentido. Desde as escritas de Adam Smith e John Locke, aspectos éticos e morais – o que em uma linguagem moderna poderiam ser traduzidos como considerações sociais – são intrinsecamente ligados ao pensamento sobre como promover o bem-estar econômico. De fato, essa sensibilidade pode ser encontrada ao longo da história do pensamento liberal, até as ideias de John Maynard Keynes, frequentemente visto como o pai do social-liberalismo. É somente nas ideias de pensadores como Friedrich Hayek e Milton Friedman que observamos uma separação entre esses dois tipos de considerações, enfatizados fortemente pelo último por meio da articulação da sua aversão contra a responsabilidade social das empresas. Através desse olhar histórico sobre o pensamento liberal, o modo de pensamento exclusivamente focado em lucro – que por exemplo ganha expressão quando um empresário compra a patente de um remédio essencial e multiplica o seu preço em dez vezes – é uma interpretação extrema daquelas ideias. Nessa perspectiva, os problemas contemporâneos da legitimidade do neoliberalismo podem ser vistos como consequência da ênfase exagerada na geração de riqueza irrestrita – mesmo quando ela não se baseia em igualdade de oportunidades. Existem também elementos do capitalismo de hoje em dia que seriam flagrantes aberrações se vistos a partir da filosofia liberal clássica, por exemplo a ajuda bilionária quase incondicional aos bancos durante uma crise financeira. Portanto, a partir de uma perspectiva liberal, um caminho para superar a presente crise da ordem global poderia ser a retomada da ideia sobre um liberalismo enraizado, que contenha uma perspectiva social focada na criação de maior igualdade de oportunidade e o desmantelamento dos privilégios dos quais os mais ricos se beneficiam por meio da sua influência política.

Virando a nossa atenção para os autores com uma perspectiva estadista podemos encontrar vários elementos-chave no pensamento deles que por muito tempo foram negligenciados, mas que hoje retornaram à agenda de muitos países no plano global. Portanto, não somente restrições comerciais, mas também questões como políticas industriais ativas, trazer a produção de volta (*reshoring*) e o engajamento ativo do Estado na educação e no desenvolvimento e pesquisa para aumentar as capacidades econômicas nacionais, proliferam-se cada vez mais no presente contexto global. Vendo tais tendências em 2020, pode-se constatar que é uma situação bastante diferente daquela que se delineava somente cinco ou dez anos antes. Porém, a partir da perspectiva estadista, seria possível afirmar que é natural que a crescente rivalidade geopolítica entre os Estados Unidos e a China tenha também uma dimensão geoeconômica. E mais, vários autores provavelmente sustentariam que a China sempre participou do jogo de livre mercado a partir de uma clara estratégia definida pelo Estado, cujo objetivo sempre foi aumentar as variadas dimensões do poder nacional, das quais a geração de riqueza constitui um meio para obter um objetivo maior. Para muitos estadistas, a ideia liberal sobre a "prosperidade compartilhada por meio da liberalização" foi sempre uma ilusão vendida para países que acreditavam poder se beneficiar desproporcionalmente desse processo. Portanto, de acordo com essa perspectiva, o fato de líderes como Donald Trump e Xi Jinping passarem por cima de regras liberais somente faz as máscaras caírem.

Por fim, as convulsões da ordem neoliberal global são ressaltadas pelos marxistas clássicos como uma consequência das contradições congênitas do capitalismo, que, no final, levará à revolta popular e à sua derrubada. Esse argumento pode ter tido mais peso quando apresentado por Karl Marx na metade do século XIX, no entanto, com mais de 150 anos desde então, o capitalismo como sistema econômico global tem demonstrado uma impressionante capacidade de se reinventar repetidamente. Mesmo após a crise de 2007-08, havia muitos clamores pela volta do marxismo devido à deslegitimação dos governos no poder. Porém, com exceção talvez da Grécia, nenhum governo socialista assumiu o poder em decorrência dessa crise. Ao contrário, movimentos nacionalistas e da extrema direita souberam aproveitar muito melhor o descontentamento popular daquele momento. Existem, não obstante, alguns pontos interessantes a serem observados a partir de uma leitura marxista da presente crise. O aumento estrutural do poder dos atores do mercado diante dos Estados nacionais e as sociedades civis está muito proximamente relacionado a três crises inegáveis do mundo contemporâneo: a crise da desigualdade, a crise ecológica e a crise democrática. É muito difícil imaginar uma solução para essas três crises sem maior inclusão econômica e política das classes mais desfavorecidas, o que exigirá uma repactuação das relações da economia política no plano nacional, mas também no plano global. Como o mundo está cada vez mais interconectado no plano econômico, ecológico e político, esse processo de inclusão necessariamente também abrangeria os países subdesenvolvidos e em desenvolvimento. Para esse esforço ir além de pronunciamentos louváveis em cúpulas internacionais que nunca se materializam na prática, é necessário confrontar as relações econômicas desiguais entre países que as perspectivas marxistas criticaram ao longo de todo o século XX. O fato de a perda sofrida por países no mundo em desenvolvimento causado pela sonegação tributária de empresas multinacionais superar em muito a ajuda de desenvolvimento concedido pelos países ricos é evidência disso. Por fim, reconhecendo que os países têm responsabilidades comuns, porém diferenciadas, para confrontar a mudança climática, torna-se indispensável que países desenvolvidos deem assistência para o mundo em desenvolvimento com a sua transição energética.

Como vimos no capítulo "O motor da economia global", as instituições e organizações que juntos compõem a "máquina" da economia global confrontam uma ampla série de dilemas e problemas desde a queda do sistema Bretton Woods. Esses desafios não diminuíram com a chamada crise do multilateralismo, que ao longo dos últimos anos foi acentuada. Além disso, o arcabouço institucional existente, desenhado em larga medida pelos poderes ocidentais vitoriosos na Segunda Guerra Mundial, precisa se tornar mais aberto para acolher os países em desenvolvimento. A consequência, como vimos em capítulos anteriores, pode ser uma bifurcação da ordem global em arranjos institucionais dominados pelos países do norte e do sul global, respectivamente. Porém, considerando o caráter e o tamanho dos desafios econômicos globais para evitar crises financeiras, a necessidade de se recriar um sistema comercial global funcional e de se canalizar recursos econômicos de modo mais efetivo para conter a mudança climática, vale a pena perguntar se de fato podemos evitar a adoção de um novo Bretton Woods. Isso não implicaria uma cópia fiel do modelo antigo, que foi adaptado para funcionar num contexto específico do pós-Segunda

Guerra. Mas no espírito de Bretton Woods, ele teria de conter instituições eficientes para fazer frente aos grandes desafios econômicos comuns do século. Visto a partir de 2020, é muito difícil enxergar um contexto político no qual seria possível, porém, a história nos ensina que a humanidade é capaz de desempenhar os mais incríveis feitos quando a necessidade eminente pede que junte os esforços para fazer frente a certos objetivos coletivos. Se a futura estrutura institucional da ordem global será baseada numa reinvenção das instituições existentes, ou em novas instituições, fica como uma pergunta em aberto. Porém, não há dúvida de que existe uma necessidade de definir ferramentas institucionais eficientes para garantir a cooperação econômica no século XXI.

No capítulo "As variedades do capitalismo", analisamos diferentes modelos de capitalismo nacionais. Pressupondo – acredita-se, com razão – que a futura ordem econômica global será uma ordem capitalista, esses modelos serão testados num contexto de intensificada competição geoeconômica. Alguns elementos de cada modelo poderão se mostrar fortes, e em tal caso é provável que sejam imitados por diferentes países, enquanto outros podem resultar insuficientes e ser redefinidos ou substituídos. O sistema educacional da Coreia do Sul tem sido muito eficiente em produzir uma ampla massa de pessoal altamente qualificado para desempenhar funções complexas em empresas com operações globais e na ponta da corrida tecnológica. Outro ponto forte desse país são as suas experiências históricas bem-sucedidas de políticas industriais ativas, assunto estratégico que agora volta às agendas de muitos países desenvolvidos. No caso da Coreia do Sul, as próximas relações entre a administração estatal e as poderosas empresas *Chaebols* parecem centrais. Uma das chaves para o sucesso do país foi justamente manter a autonomia estatal para garantir que essas empresas se tornassem internacionalmente competitivas. Manter essa autonomia, para garantir que as empresas "campeãs nacionais" sejam um ativo pelo país, e que não usem o seu poder para distorcer o processo político, é de alta importância.

No caso da Alemanha, vimos como a cooperação entre diferentes *stakeholders*, como diferentes empresas, organizações setoriais, autoridades nacionais e locais, sindicatos e sociedade civil, resultou em uma estrutura industrial extremamente competitiva e capaz de produzir bens de altíssima qualidade. Um resultado dessa cooperação é que financiamento pode ser mais facilmente obtido por uma empresa cujo desempenho é bem conhecido pelo banco local, e sobretudo a formação de pessoal qualificada que não vai abandonar a companhia quando terminar o seu treinamento. A estrutura industrial alemã é fortemente baseada no aperfeiçoamento de plataformas tecnológicas existentes. O carro convencional de motor de combustão interna é um bom exemplo disso. Porém, com a proliferação do carro elétrico, que inevitavelmente vai dominar o mercado a partir dos anos 2030, a indústria automotriz e a própria Alemanha confrontam um problema sério para se adaptar. Como incentivar a inovação radical, para esse país seguir na vanguarda tecnológica global, fica como uma pergunta a ser respondida nos próximos anos. Com um modelo produtivo baseado em apostas seguras em tecnologias existentes, falta à Alemanha o dinamismo das apostas arriscadas com altíssimos potenciais retornos, que caracterizam o chamado *venture capital*.

Os Estados Unidos nos fornecem um exemplo de um modelo industrial que apresenta certos pontos que contrastam com a Alemanha. Em muitos setores industriais, os EUA carecem de boas estruturas institucionais para a formação de pessoal tecnicamente capacitado e, portanto, veem muitas das suas indústrias desaparecerem: as de menor nível tecnológico para países de baixo custo e os de alta complexidade para produtores de qualidade, como a Alemanha e países de alta renda da Ásia Oriental. Não obstante, o país possui uma capacidade de inovação radical extraordinária. Isso significa que as soluções que definirão a vanguarda tecnológica seguem sendo inventadas e, em certa medida, produzidas nos EUA: às vezes, o mais essencial nem é ter capacidade produtiva no próprio país. Como vimos, as empresas de tecnologia dos EUA ocupam lugares destacados no ranking das mais valiosas do mundo, mesmo que a *commodity* que vendem – dados digitais – seja de caráter intangível. Os EUA são um país que contém muitos contrastes e contradições. Portanto, ao mesmo tempo que o caráter excludente do seu sistema de ensino superior faz com que o país perca muitos jovens de talento que não possuem os meios e as condições para estudar, o país ainda tem as melhores universidades do mundo, que atraem jovens talentosos de todo o planeta. Porém, é duvidoso se os EUA serão um modelo de atração e imitação econômico para muitos outros países. Isso se deve, sobretudo, à incapacidade desse país de fazer frente aos três grandes desafios antes mencionados, relacionados ao aumento da desigualdade, à crise ecológica e à degradação democrática. Portanto, com a eleição do presidente Biden parece mais provável que o próprio país abandone alguns elementos associados ao seu modelo mais liberal e se engaje na provisão de saúde e educação, na definição de políticas industriais ativas, e que adote fortes políticas de regulação ambiental para incentivar a transição energética. Para fazer frente ao problema de degradação democrática seria necessário repactuar a relação entre empresas e o Estado, sobretudo por meio da restrição de doações para campanhas políticas. Enquanto o país parece mergulhado numa profunda crise interna em 2020, não se deve subestimar a capacidade histórica dos Estados Unidos para "dar a volta por cima" quando o contexto pede mudanças profundas.

Por fim, as próximas décadas vão mostrar se o modelo econômico chinês será capaz de manter o seu ritmo de alto crescimento enquanto o país é engajado numa direta rivalidade com a maior potência mundial. Um ponto central nesse sentido é se o país vai conseguir superar a armadilha da renda média, e passar do patamar de US$ 12.000 por pessoa, que tem constituído um teto insuperável por muitos países em desenvolvimento. Não obstante, a China, por causa do seu caráter diverso, já abriga muitas das indústrias, tecnologias e pessoas capacitadas no plano global. Por meio do planejamento estatal, o governo busca gradativamente expandir essas capacidades para mais setores da sua economia. De fato, em algumas áreas de tecnologias como inteligência artificial, energia solar e transporte ferroviário, a China já é o país mais avançado do mundo. Olhando para a estabilidade da trajetória de crescimento chinês, mesmo que desacelerando de maneira esperada ao longo da última década, ela ainda parece estar no caminho de levar o país a sair do patamar definido pela armadilha da renda média ao longo dos próximos 5-10 anos. Outra questão é a relação entre as empresas chinesas, sobretudo os grandes *State Owned Enterprises*, e o Estado, personificado no

Partido Comunista. O capitalismo de Estado chinês pode funcionar bem para fazer com que empresas operem de acordo com objetivos nacionais mais amplos e de caráter estratégico. Porém, também contém uma série de riscos relacionados à eficiência, transparência e incentivos potencialmente negativos criados pela proximidade entre Estado e empresas (Musacchio e Lazzarini, 2015). Ainda é cedo para julgar a capacidade das empresas estatais chinesas de mostrar um alto desempenho dentro de uma economia moderna, mas a intensificação da rivalidade com os EUA nos próximos anos provavelmente servirá para render uma melhor resposta.

No capítulo "A rivalidade geoeconômica entre os EUA e a China", nos engajamos justamente com a competição geopolítica e geoeconômica entre os EUA e a China. Enquanto alguns observadores da história da política internacional diriam que essa rivalidade inevitavelmente se evidenciaria em algum momento, não é trivial o fato de isso convergir com uma forte crise na ordem existente. Embora algumas comparações com o mundo da Guerra Fria do século XX não são contextualmente pertinentes e são precipitadas, é importante entender as implicações potencialmente sérias dessa situação. A polarização e a tensão no plano global podem fornecer grandes obstáculos para a criação de instituições globais para fazer frente aos problemas contemporâneos. Além disso, a canalização de grandes volumes de dinheiro e recursos para gastos militares também pode comprometer áreas sociais e ambientais que são fundamentais para manter a estabilidade ecológica e política, no plano nacional e internacional. Também vale a pena lembrar que a percepção de inimigos e ameaças externas pode desviar atenção de governos com baixo desempenho econômico, o que, por sua vez, permite incumbentes incompetentes de ficarem no poder, e serve para escalar conflitos desnecessariamente.

Porém, mesmo com uma situação geopolítica que parece complicada no começo do século XXI, também vale a pena considerar caminhos e cenários nos quais a provável rivalidade pode ser atenuada e canalizada para fins construtivos. Na área de energia renovável, a competição pode ser positiva. Se a concorrência para conquistar mercados globais de fato resultar em preços baixos e a introdução de soluções tecnológicas avançadas, isso pode ser importante para diminuir as emissões de gases de efeito estufa. O fato de haver dois grandes poderes também não é necessariamente negativo para outros países. Tanto os poderes ocidentais quanto recentemente também a China têm adotado comportamentos criticáveis e exageradamente assertivos frente a muitos países em desenvolvimento. Se a competição se mantiver predominantemente na esfera econômica, alguns países em desenvolvimento poderão se beneficiar do maior espaço de manobra que diferentes opções de cooperação e alinhamentos podem fornecer. Isso, porém, depende muito das capacidades diplomáticas dos países em questão, e pode requerer arranjos para países regionais juntarem forças para barganhar entre os grandes poderes. Por fim, os prospectos de uma nova grande rivalidade geopolítica implicam aspectos sombrios. Não obstante, é importante a definição de espaços institucionais para diálogo entre as partes e, idealmente, a separação de esferas, deixando algumas nas quais a lógica de competição prevalece, e outras nas quais é possível tratar de assuntos de interesse comum. A esfera econômica provavelmente será muito marcada por dinâmicas de rivalidade. Mesmo assim, garantir que a animosidade se expresse nessa esfera e não impacte outras de risco maior será tarefa essencial para os tomadores de decisão de amanhã.

O CAMINHO PELA FRENTE DO ESTUDO DA ECONOMIA POLÍTICA GLOBAL

Tendo se formado uma perspectiva sobre a paisagem geral da economia política global, na parte final deste livro, olharemos para a frente refletindo sobre os desafios e possíveis caminhos frutíferos para o avanço desse campo de estudo. O estudante que estiver lendo este livro hoje será o pesquisador da economia política global de amanhã. Para ele, possuir conhecimento e entendimento sobre os assuntos da economia política global é somente um primeiro passo no seu desenvolvimento como profissional de pesquisa. Dispor de instrumentos metodológicos e ter uma noção sobre abordagens possíveis para levantar conhecimento sobre os complexos processos econômicos e políticos globais será indispensável para futuras pesquisas. A seguir, serão destacados alguns aspectos que, acredita-se, vão ser úteis para expandir as fronteiras de conhecimento nesse campo.

Primeiro, é importante lembrar que a economia é sempre *política*. Isso não deve levar a uma contestação injustificada dos dados levantados e processados pelos profissionais da área de economia – ao contrário, é indispensável ter uma clara base fatual a partir da qual será possível debater e analisar os assuntos em questão. Porém, significa que as implicações das escolhas econômicas feitas sempre terão um caráter político e que, embora sejam tecnicamente embasadas, nunca poderão ser desassociadas das suas implicações distributivas. Em outras palavras, uma lei que regula a monetização de dados digitais, uma decisão sobre subir a taxa de juros ou a imposição de uma restrição técnica pela importação de certos produtos num país podem ter a sua base em considerações não políticas, mas as consequências sempre terão um certo aspecto político em função dos diversos interesses econômicos que envolvem. O trabalho do economista político é justamente ir além da proposição sobre o que aparenta ser "puramente técnico" para entender em qual medida escolhas econômicas beneficiam e desfavorecem diferentes interesses e grupos na sociedade, e como eles agem em relação a essas questões. É interessante lembrar que os fundadores do pensamento econômico moderno, como Adam Smith e Karl Marx, sempre se referiam à *economia política*. A separação entre economia e política, portanto, não foi vista como algo viável, pois constituem dois lados da mesma moeda.

Muitos livros e estudos nessa área fazem referência somente à economia política internacional, sugerindo que o foco seja voltado para o que acontece entre os Estados. Outro ponto trata das implicações de pesquisar a economia política no plano global. Embora muitos estudos na prática vão além disso, a designação de *internacional* implica voltar o foco para o que acontece *entre* os Estados. Por outro lado, pode-se dizer que o foco *global* é muito mais amplo, tratando-se do que acontece *através*, *dentro* e *por cima* dos Estados. Por exemplo, quando grupos da sociedade civil se mobilizam através de fronteiras nacionais sobre certas causas (veja Keck e Sikkink 1998), já estamos falando de processos globais. Outro exemplo é quando a União Europeia, uma instituição com caráter supranacional, introduz uma regulação que visa garantir a arrecadação de empresas multinacionais de tecnologia da informação; já estamos falando, de certa forma, de fenômenos que vão além do que podem ser vistos como *internacionais* propriamente dito. De maneira igual, processos da economia política doméstica, como a decisão de um governo de salvar uma montadora de carros, podem facilmente ter repercussões econômicas que vão muito além do meio doméstico, e, portanto, essa decisão pode ser tratada como parte de processos econômicos globais. Por isso, a noção do *global* pode aparecer um pouco difusa, mas, por outro lado, o escopo amplo que esse conceito implica nos ajuda justamente a tratar de fenômenos que vão além das nossas concepções binárias sobre o mundo doméstico e internacional. A recomendação aqui feita é a de não se deixar limitar por noções estritas sobre o que é internacional ou não, e que se mantenha consciente sobre as implicações e conexões globais da temática pesquisada. O mundo é grande e complexo, e tentar colocá-lo em caixinhas separadas nos condena a fracassar.

Outra recomendação feita aos futuros pesquisadores da economia política global vai na mesma linha de evitar "caixinhas", no sentido de abordagens disciplinares. Como o nome indica, o próprio campo da economia política consiste em uma junção disciplinar entre as ciências políticas e econômicas. Porém, como já destacamos, a grande variedade de assuntos que contêm aspectos da economia política significa que eles podem ser encontrados na pesquisa em diversas áreas, como Sociologia, Direito, Antropologia, Geografia, Administração etc. Em vez de se assustar com o fato de ter de estudar áreas alheias daquelas nas quais nos formamos, tentar entender os problemas da economia política nas intersecções com outros campos disciplinares pode resultar em pesquisas inovadoras, já que frequentemente resulta em perspectivas inéditas. Portanto, deixamos uma forte recomendação de que se adotem abordagens multidisciplinares ou transdisciplinares para explorar os variados assuntos que emergem na agenda contemporânea da economia política global.

No processo de pesquisa em geral, e não menos verdade em relação à economia política, é importante abraçar o mundo tal como ele é. Mesmo que possa haver discordância sobre essa questão, é tarefa fundamental do pesquisador tentar entender os fatos, eventos, dados e processos complexos da realidade social. Podemos ter as nossas noções e hipóteses preconcebidas sobre o mundo no momento de definir uma estratégia de pesquisa, mas é essencial que elas nos levem a tentar entender mais claramente os processos que queremos pesquisar. Dito de outra forma, estamos obrigados a tentar nos aproximar do nosso objeto de estudo, do jeito que for possível. Em algumas pesquisas, que tratem por exemplo de entender a conexão entre desvalorização cambial e inflação, pode significar que haja grande necessidade de analisar uma enorme quantidade de gráficos e dados, para entender essa temática claramente. Por outro lado, se o foco da pesquisa é entender como investimentos em setores extrativistas podem provocar resistência da sociedade civil, é fundamental não somente ler sobre o que outras pessoas escreveram sobre esses casos, mas também eventualmente verificar *in loco* como a vida nas comunidades locais é afetada por projetos dessa natureza. Se não houver dinheiro para trabalho de campo, é essencial pelo menos tentar conversar com diferentes atores nesses processos. Toda informação "crua" sobre o mundo à nossa volta pode ser caracterizada como "material empírico". Cada vez mais, os critérios para os pesquisadores terem os seus trabalhos publicados em revistas que muitas pessoas leem dependem da sua capacidade de trazer novos dados empíricos para o conhecimento público, seja em forma de estatísticas, entrevistas, enquetes etc. As teorias e os conceitos servem para "processar" esses dados e tirar sentido deles numa maneira mais ampla, que também permita que os resultados de uma pesquisa possam ser transferidos para informar outra pesquisa, por meio de uma linguagem teórica. Porém, as teorias e conceitos não podem se sustentar sem pesquisas sobre a realidade em que elas foram criadas para sintetizar. É, então, extremamente importante que o futuro pesquisador da economia política global olhe a realidade à sua volta com uma mente aberta, para melhor conhecer os fatos e eventos que moldam o contexto global.

Por fim, é importante avaliar onde inserir o foco da análise, estando ciente sobre os níveis de agência e estrutura. A primeira refere-se ao que os indivíduos, as instituições, as empresas, os governos fazem. Portanto, a definição de quem são os agentes é central. Às vezes, os níveis de agência podem ser combinados, mas isso tem que ser feito com cuidado, para deixar claro se o objeto de referência é o país, o seu governo ou o próprio presidente. O outro nível básico de análise é a estrutura. Pode parecer um pouco abstrato, mas se trata de tendências ou processos econômicos que escapam às decisões de agentes específicos. Por exemplo, o crescimento da urbanização no mundo em desenvolvimento ou o enfraquecimento dos sindicatos em países desenvolvidos não são consequências de decisões específicas tomadas por políticos ou governos particulares, mas de uma infinita gama de eventos e processos que levam a diversos resultados no plano agregado. Dessa forma, a estrutura é no fim das contas um produto das ações de inúmeros agentes, mas também fornece um importante pano de fundo pela atuação desses agentes, definindo boa parte das opções e limitações enfrentadas por eles. As pesquisas de economia política, portanto, podem focar num nível ou outro, mas também podem tratar da interconexão entre os dois. Isso se chama *dualismo de estrutura*. Como os agentes econômicos criam o mundo no qual agem, e esse mundo, por sua vez, define a atuação dos agentes, existem dinâmicas interessantes a serem tratadas através desse foco de pesquisa. Porém, é muito importante deixar claro onde começa e termina a análise estrutural e quando o foco será direcionado pelos agentes. Como tantas outras tarefas relacionadas à pesquisa de um mundo em constante transformação, é trabalho complexo. Porém, a constatação de que uma dada tarefa é complexa não deve fazer com que os pesquisadores se afastem dela, mas, ao contrário, deve chamar a sua atenção e interesse em ir para onde ninguém nunca foi.

Sugestões de leitura

Sendo um abrangente campo de estudo com agremiações nas diversas áreas de pesquisas econômicas e sociais, a literatura de economia política global envolve diversas contribuições. Aqui, são recomendadas algumas obras clássicas e também outras mais recentes.

Em *Power and Interdependence: World Politics in Transition* (1977), Robert Keohane e Joseph Nye tratam do conceito de interdependência na política internacional e como as interações econômicas e sociais têm moldado as relações entre os Estados no plano global. Uns anos mais tarde, em *After Hegemony: Cooperation and Discord in the World Political Economy*, Keohane (1984) analisa o surgimento do arranjo institucional internacional como consequência da hegemonia de um Estado preponderante, mas também avalia como a resiliência desse arcabouço de regimes internacionais pode durar para além de eventos de transição de poder internacional.

Na sua obra magistral, *The Choice for Europe: Social Purpose and State Power from Messina to Maastricht*, Andrew Moravcsik (1998) conduz uma análise detalhada e metodologicamente refinada sobre o processo histórico de integração europeia. Criando uma ponte entre a política internacional e doméstica, Moravcsik mostra como fatores econômicos apresentados pelos constituintes empresariais de cada país europeu aos seus governos foram muito mais significativos em moldar o processo de integração do que fatores identitários ou considerações geopolíticas.

Na vertente neomarxista de economia política internacional, em *Power Production and World Order: Social Forces in the Making of History*, Robert Cox (1987) analisa a relação entre a evolução das forças produtivas, o Estado nacional e a estrutura da política internacional, levando em conta aspectos sociológicos e a reflexão que as constelações de poder no plano interno têm na esfera internacional. Mesmo não sendo da área de relações internacionais, em *O capital no século XXI*, Thomas Piketty (2013) apresenta um estudo abrangente sobre o ressurgimento da desigualdade em muitas sociedades pelo mundo e aponta para fatores estruturais no desenvolvimento do capitalismo contemporâneo com o potencial de desestabilizar as sociedades e, por conseguinte, impactar também na ordem internacional. Piketty oferece uma perspectiva muito valiosa para entender os acontecimentos que desde 2016 ameaçaram a ordem internacional liberal.

Em *Chutando a escada: a estratégia do desenvolvimento em perspectiva histórica*, Ha-Joon Chang (2002) enfatiza como o caminho de desenvolvimento para os países hoje ricos foi trilhado por meio da adoção de práticas econômicas frequentemente intervencionistas e contrárias ao que o mundo desenvolvido costuma recomendar aos países emergentes. No campo de estudos comparativos do desenvolvimento e da relação entre atores públicos e privados, Peter Evans (1995), em *Embedded Autonomy: States and Industrial Transformation*, argumenta a importância do Estado por um lado estar conectado com as condições estruturais que determinam o potencial de desenvolvimento do empresariado, mas, por outro lado, manter um certo grau de autonomia para evitar pressões excessivas do setor privado por benefícios imediatos.

Refletindo sobre os desafios e paradoxos criados pelo que chama de "hiperglobalização", em *The Globalization Paradox: Why Global Markets,*

States, and Democracy Can't Coexist, Dani Rodrik (2011) ressalta a necessidade de conduzir o processo de integração comercial e a globalização econômica de tal forma que ele acaba não provocando grandes deslocamentos e disparidades internas nas economias domésticas – mesmo que isso aconteça ao custo de maior integração econômica internacional.

O desafio de pautar as relações entre setor público e privado também é tratado por Mariana Mazucatto (2012) em *O Estado empreendedor: desmascarando o mito do setor público vs. setor privado.* Focando especificamente na área de inovação tecnológica, Mazzucato argumenta sobre a importância do Estado em desempenhar funções que o livre mercado sempre se demonstrou resiliente em fazer, dado o risco de investimento em ciência e tecnologia radicalmente inovadora. Observando o grande valor que a pesquisa pública frequentemente tem pela possibilidade de sucesso do setor privado, Mazzucato destaca a imprescindibilidade do último em contribuir mais pelo uso das tecnologias desenvolvidas pelo Estado, tanto como a necessidade de valorizar mais o papel do setor público no processo de desenvolvimento econômico.

Bibliografia

BHAGWATI, J. *Termites in the Trading System*: How Preferential Agreements Undermine Free Trade. Oxford University Press Scholarship Online, 2008.
BUZAN, B.; WÆVER, O; DE WILDER, J. *Security*: a New Framework for Analysis. Boulder: University Press of Colorado, 1997.
CHANG, H-J. *Kicking Away the Ladder: Development in a Historical Perspective*. London, England: Anthem Press, 2002.
CHINA LABOR BULLETIN – CLB Strike Map. Number of Cases, 2020. Disponível em: <https://maps.clb.org.hk/statistics?i18n_language=en_US&map=1&startDate=1990-01&endDate=2020-08&eventId=&keyword=&address=&industry=&parentIndustry=&industryName=>. Acesso em: 10 out. 2020.
COE, N. M.; HESS, M; YEUNG, H.W.; DICKEN, P.; HENDERSON, J. 'Globalizing' Regional Development: A Global Production Networks Perspective Transactions of the Institute of British Geographers, New Series, Vol. 29, No. 4 (Dec., 2004), pp. 468-484, 2004.
COX, R. Social Forces, States and World Orders: Beyond International Relations Theory. *Millenium: Journal of International Studies*, v. 10 n. 2, pp. 126-55, 1981. doi:10.1177/03058298810100020501
EVANS, P. *Embedded Autonomy*: States and Industrial Transformation. Princeton, N.J.: Princeton University Press, 1995.
FAIRBANK, J. K.; TÊNG, S. Y. On The Ch'ing Tributary System. *Harvard Journal of Asiatic Studies*, v. 6, n. 2, pp. 135-246, 1941.
FERGUSON, N; SCHULARICK, M. 'Chimerica' and the Global Asset Market Boom. *International Finance* 10:3, 2007: pp. 215-239, 2007.
FUKUYAMA, Francis. The End of History? *The National Interest*, 16, pp. 3-18, summer 1989.
GEREFFI, G.; HUMPHREY, J.; STURGEON, T. The Governance of Global Value Chains. *Review of International Political Economy*, 12, n. 1, pp.78-104, 2005.
GILL, S. Hegemony, consensus and Trilateralism. *Review of International Studies*, v. 12, n. 3, jul. 1986, pp. 205-222, 1986.

GILLI, A.; GILLI, M. Why China Has Not Caught Up Yet: Military-Technological Superiority and the Limits of Imitation, Reverse Engineering, and Cyber Espionage. *International Security*, v. 43, n. 3, Winter 2018/19, pp. 141-189, 2019.

GRAMSCI, A. *Selections from the Prison Notebooks*. London: The Electric Book Company: Cambridge Drive, 1999.

HALL, Peter H.; SOSKICE, David. *Varieties of Capitalism*: The Institutional Foundations of Comparative Advantage. New York: Oxford University Press, 2001.

IKENBERRY, G. J. *Liberal Leviathan*: The Origins, Crisis, and Transformation of the American World Order. Princeton, N.J: Princeton University Press, 2011.

INTERNATIONAL TRADE CENTRE – ITC. International trade in goods – Exports 2001-2019 2020. Disponível em: <https://www.trademap.org/tradestat/Country_SelProduct_TS.aspx?nvpm=1%7c%7c%7c%7c%7cTOTAL%7c%7c%7c2%7c1%7c1%7c2%7c2%7c1%7c2%7c1%7c%7c1>. Acesso em: 20 out. 2020.

KECK, M. E.; SIKKINK, K. *Activists beyond Borders*: Advocacy Networks in International Politics. Ithaca, N.Y: Cornell University Press, 1998.

KEYNES, J. M. *The General Theory of Employment, Interest and Money*. New York: Harcourt, Brace, 1936.

KEOHANE, R. O.; NYE, J. S. *Power and Interdependence*: World Politics in Transition. Boston: Little, Brown, 1977.

LENIN, V. I. *Imperialism, the Highest Stage of Capitalism*. Pamphleta, Petrograd, 1917.

LUXEMBURGO, R. *The Accumulation of Capital*. London: Stark W., 1913.

MAZZUCATO, M. *The Entrepreneurial State: Debunking Public vs. Private Sector Myths*. London: Demos, 2011.

MEARSHEIMER, J. *Can China Rise Peacefully?* The National Interest, October, 2014.

MILL, J. S. *Principles of Political Economy*. London: John W. Parker, 1848.

MORAVCSIK, A. *The Choice for Europe*: Social Purpose and State Power from Messina to Maastricht. New York: Cornell University Press, 1998.

MUSACCHIO, A. F.; LAZZARINI, S. G. *Reinventing State Capitalism*: Leviathan in business, Brazil and beyond. Cambridge, Massachusetts: Harvard University Press, 2015.

PIKETTY, T. *Capital In the Twenty-First Century*. Cambridge Massachusetts: The Belknap Press of Harvard University Press, 2014.

POLANYI, K. *The Great Transformation*. Boston: Beacon Press, 1944.

PREBISCH, R. *The Economic Development of Latin America, and its Principal Problems*. The Economic Commission for Latin America, The United Nations Department of Economic Affairs. New York: Lake Success, 1950.

PRICE WATERHOUSE COOPER – PwC – (2020) Global Top 100 Companies By Market Capitalization. [online]. Disponível em: <https://www.pwc.com/gx/en/audit-services/publications/assets/global-top-100-companies-june-2020-update.pdf>. Acesso em: 12 set. 2020.

RODRIK, Dani. *The Globalization Paradox*: Why Global Markets, States, and Democracy Can't Coexist. Oxford/New York: Oxford University Press, 2011.

RUGGIE, J. G. International Regimes, Transactions, and Change: Embedded Liberalism in the Postwar Economic Order. *International Organization* 36, n. 2, pp. 379-415, 1982.

SMITH, A. *The Wealth of Nations*. London: Strahan W. & T. Cadell, 1776.

STRANGE, S. *States and Markets*. London: Continuum, 1988.

STUENKEL, O. *Post-Western World*: How Emerging Powers Are Remaking Global Order. Malden: Polity Press, 2016.

US Bureau of Labor Statistics. Union membership rate 10.5 percent in 2018, down from 20.1 percent in 1983, 2019. Disponível em: <https://www.bls.gov/opub/ted/2019/union-membership-rate-10-point-5-percent-in-2018-down-from-20-point-1-percent-in-1983.htm?view_full>. Acesso em: 7 dez. 2020.

WÆVER, O. Securitization and Desecuritization. Centre for Peace and Conflict Research, 1993.

O autor

Niels Soendergaard é pesquisador pleno do Centro de Agronegócio Global no Insper, São Paulo, e do Centro de Estudos Globais da Universidade de Brasília. É doutor em Relações Internacionais pela Universidade de Brasília, onde também desenvolveu estudos de pós-doutorado. É editor-associado da *Revista Brasileira de Política Internacional* (*RBPI*). Atua na área de economia política global, com interesse especial em produção, comércio e governança de recursos naturais e agricultura.

GRÁFICA PAYM
Tel. [11] 4392-3344
paym@graficapaym.com.br